Hans-Joachim Lehmann

AF211306

# Auf den Spuren des Fliegenden Holländers von Richard Wagner

## Inhalt

|  | Vorwort | 3 |
|---|---|---|
| I. | Die Sage vom Fliegenden Holländer | 4 |
| II. | Inspirationsquellen | |
|  | Heinrich Heine als Vermittler des Librettos? | 8 |
|  | Die Seereise | 15 |
|  | Paris | 18 |
| III. | Die Dichtung der Oper | |
|  | Inhalt der Oper | 21 |
|  | Vergleich der Fabel Heines mit der Textdichtung Wagners | 27 |
| IV. | Die Musik der Oper | |
|  | Einleitung | 56 |
|  | Die Senta-Ballade | 60 |
|  | Das Lied der norwegischen Matrosen | 67 |
|  | Der Spukgesang der Mannschaft des Holländers | 71 |
|  | Richard Wagners "Programmatische Erläuterung" | 73 |
| V. | Sonstige wichtige Anmerkungen | 75 |
|  | Über den Verfasser des Buches | 80 |

Hans-Joachim Lehmann

Auf den Spuren des
Fliegenden Holländers
von Richard Wagner

Erste Auflage
2009
ISBN-13: 9783837085259
Herstellung und Verlag:
Books on Demand GmbH, Norderstedt

# Vorwort

Ein Buch mit dem Titel:
"Auf den Spuren des Fliegenden Holländers von Richard Wagner"
ist wegen des dazugehörigen umfangreichen Materials kein leichtes
Unternehmen.

Bevor auf Wagners Oper direkt eingegangen werden kann, müssen zunächst, die keineswegs das geistige Eigentum Richard Wagners darstel-
lende, sondern auf einer Sage beruhende Stoffgrundlage des fliegenden
Holländers und die dazugehörigen Inspirationsquellen des Komponisten
genauer untersucht werden.

Selbstverständlich ist in diesem Buch längst nicht alles über den "Fliegenden Holländer" gesagt worden. Vollständigkeit wurde auch nicht
angestrebt. Vielmehr sollte die leidenschaftliche Arbeit den endlosen
Zitaten vorangestellt werden.

Um sachlich zu bleiben, durfte auch auf das ambivalente Verhältnis
Heine – Wagner, welches in "Musik-Konzepte 5" (1) ausführlich ge-
schildert wird, nicht eingegangen werden.

Auf keinen Fall ist dies eine Ausrede eines "Wagnerianers", denn der
Verfasser dieser Arbeit hat sehr wohl die Grenzen des enthusiastischen
Betrachtens der Werke Wagners erkannt.

Hans-Joachim Lehmann

(1) >Musik-Konzepte 5, Richard Wagner, Wie antisemitisch darf ein Künstler sein?,
    herausgegeben von Heinz-Klaus Metzger und Rainer Riehn, München, Juni 1981,
    2. Auflage, ISBN–921402-67-0

# I.
# Die Sage vom Fliegenden Holländer

„Die Sage zeigt keine feste und einheitliche Überlieferung. Erst im 19. Jahrhundert wird sie gelegentlich aufgezeichnet. Ältere Quellen fehlen gänzlich. Der Aberglaube vom fliegenden Holländer ist zwar bei den Seeleuten allgemein verbreitet; forscht man aber nach der Sage, so findet man nur eine im ganzen verblasste, im einzelnen daher fast schwankende und verschiedenartige Überlieferung"(1)

Jeder Mensch wird wohl einen Glauben haben. Wenn es kein religiöser ist, so wird er sich einen Aberglauben zulegen. Dies mag nicht sehr verwundern, aber warum ist es gerade der Aberglaube von einem fliegenden Holländer?

Die Herausgeber der Schriftenreihe >Die Oper< geben dazu einen kurzen, zum Verständnis erforderlichen geschichtlichen Überblick.

„Die nördlichen Niederlande erlebten im 17. Jahrhundert einen gewaltigen Aufstieg. 1602 wurde die holländisch-ostindische Kompagnie gegründet; sie beherrschte große Teile des Meeres im fernen Osten. Bereits 1601 hatten die Holländer das Vorgebirge der Guten Hoffnung in Südafrika besetzt (das Kap der Guten Hoffnung spielt in der Sage eine Rolle) und damit den Seeweg nach Ostindien gesichert; 1660 besiedelten niederländische Bauern (Buren) die Kapkolonie. Wagemutige holländische Kapitäne entdeckten 1606 das Festland von Australien (man nannte es Neu-Holland), 1642 Tasmania. In Europa wurde der Verkehr zwischen den Ländern hauptsächlich durch holländische Schiffe vermittelt. Amsterdam war Hauptplatz des Welthandels. Am Ende des dreißigjährigen Krieges, im Friedensschluss von 1648

---

(1) Wolfgang Golther, Richard Wagner als Dichter in >Die Literatur<,herausgegeben von Georg Brandes, Berlin o.J., S. 17 – entnommen aus >Die Oper<, Schriftenreihe über musikalische Bühnenwerke; >Der fliegende Holländer< von Richard Wagner, herausgegeben von Dietrich Stoverock und Thilo Cornelissen, Berlin 1962, 4. Auflage, S. 12

schieden die nördlichen Niederlande aus dem Verband des deutschen Reiches aus und erhielten ihre Selbständigkeit." (1)

Eduard Reeser schreibt dazu:
„Der Aberglaube vom Gespensterschiff – der gewiss durch Luftspiegelungen und dergleichen Gesichtstäuschungen noch verstärkt wurde – ist unter den seefahrenden Völkern aller Zeiten verbreitet gewesen. Dass sich aus dieser Sage allmählich die Gestalt des fliegenden Holländers kristallisieren konnte, beweist die Achtung vor dem rücksichtslosen Wagemut ... der holländischen Seefahrer des 17. Jahrhunderts."(2)

„ ... 1804 ist der fliegende Holländer – wie der holländische Forscher Kalff (3) feststellen konnte – in der englischen Literatur nachweisbar, und zwar in Gestalt eines Gedichts, von Thomas Moore geschrieben: 'On passing Deadman's Isle, in the Gulf of St. Lawrence, late in the evening September 1804, suggested by a superstition very common among sailors who call this ghost ship, I think, 'the flying Dutchman' (Beim Passieren der Toteninsel, im Golf von St. Lorenz, spät am Abend im September 1804, angeregt durch einen unter Matrosen sehr verbreiteten Aberglauben, die dieses Geisterschiff, wie ich glaube, den 'fliegenden Holländer' nennen."(4)

(1)  >Die Oper<, ebenda, S. 13

(2)  Eduard Reeser >Die sagengeschichtlichen und literarischen Grundlagen des 'Fliegenden Holländers'< in >Aus Wagners Leben und Schaffen<, Bayreuth o. J., S. 80/81 – entnommen aus >Die Oper<, a.a.O.., S. 12/13.

(3)  G. Kalff jr. >De sage von den Vliegenden Holländer<, naar behandeling, oorsprong en zin onderzocht, Zutphen 1923, S. 5 – wiedergegeben von Eduard Reeser in seinem Aufsatz: >Die sagengeschichtlichen und literarischen Grundlagen des 'Fliegenden Holländers'< – entnommen aus Richard Wagner,>Der fliegende Holländer; Texte, Materialien, Kommentare< (mit einem Essay von Isolde Vetter), Originalausgabe, zusammengestellt und erläutert von Attila Csampai und Dietmar Holland unter Mitarbeit von Isolde Vetter, Reinbek bei Hamburg, 1982.

(4)  Hier und im folgenden wiedergegeben nach Reeser – entnommen aus Richard Wagner >Der fliegende Holländer; Texte, Materialien, Kommentare<, a.a.O., S. 66/67.

Um
1825 erscheint die Ballade >The deathboat of Heligoland< von Thomas Campbell; die Mannschaft von diesem Totenschiff besteht aus Skeletten.

1825 erscheint von Wilhelm Hauff (x1) >Die Geschichte vom Gespensterschiff< (Hauff schrieb seine Märchen im Gewande von Tausendundeine Nacht für die Zöglinge, die er als Hauslehrer beim Freiherrn von Hügel – ab 1824 – zu unterweisen hatte). (1) „Die Mannschaft, 'zwanzig bis dreißig Leichname in türkischen Kleidern', und der Kapitän, mit einem großen Nagel durch die Stirn, 'der ihn an den Mastbaum heftete', wachen in der Nacht auf und segeln, mit vollem Wind, die Strecke Wegs zurück, die das Schiff am Tage nahm. Der Kapitän tötete vor 50 Jahren einen Derwisch und muss zur Strafe mit seiner Mannschaft auf dem Meer unstet umherirren. Alle finden Erlösung, als ihre Leichname mit der Erde in Berührung kommen und in Staub zerfallen. ('Das Wasser als Element des Männlichen, Befruchtenden, verwehrt dem Übeltäter die Berührung mit der mütterlich-weiblichen Erde, die Verzeihung bedeuten würde'). (x2)

1839 erscheint der Roman >The Phantom Ship< von Frederick Marryat. Er bleibt „von einiger Bedeutung, weil sein verbreiteter Roman >The Phantom Ship< nach Frankreich hinüberwirkte und im Streit um die wirkliche Vorlage der Dietsch-Oper eine eigentümliche Rolle spielte." (2)

(x1) Märchen von Wilhelm Hauff, München, Zürich, 1939, S. 27 ff

(x2) Harald Kaufmann, Werkeinführung >Der fliegende Holländer< Programmheft der Bayreuther Festspiele, 1960, S. 24, hier in anderem Zusammenhang;

(1) >Die Oper<, a.a.O., S. 14; (x1 und x2 gehörig zu 1)

(2) Helmut Kirchmeyer >Die sagengeschichtliche Überlieferung des 'Holländer-Stoffes'< in dem Band >Das zeitgenössische Wagner-Bild< aus: die >Situationsgeschichte der Musikkritik und des musikalischen Pressewesens in Deutschland< - entnommen aus: Richard Wagner >Der fliegende Holländer; Texte, Materialien, Kommentare<, a.a.O., S. 63

Seit Dezember 1826 wurde in London im Adelphi-Theatre >The Flying Dutchman or the Phantom Ship< (1827) von Eduard Fitzball gespielt.

1833 veröffentlichte Heinrich Heine die 'Memoiren des Herrn von Schnabelewopski' (geschrieben 1831), zusammen mit Berichten über französische Maler und mit Gedichten unter dem Sammeltitel >Der Salon<. (3)

Am 19. November 1841 wurde die Partitur des Fliegenden Holländers von Richard Wagner in Paris abgeschlossen.

3)    >Die Oper<, a.a.O., S.15

# II. Inspirationsquellen

## Heinrich Heine
## als Vermittler des Librettos ?

Es ist also ein langer Weg bis zu der uns bekannten Oper >Der fliegende Holländer< von Richard Wagner.

Bekannt ist, dass Wagner seine Textbücher selber schrieb. Darin verwendet er alte Legenden, gestaltet sie um und gibt ihnen dadurch einen neuen, tieferen Sinn.

Jedoch bedurfte es bei seinen anderen Stoffen langer und eingehender Studien – anders beim >Fliegenden Holländer<..

„In dieser Zeit" (gemeint ist die Rigaer Zeit 1837 - 39) „lernte ich bereits den Stoff des 'Fliegenden Holländers' kennen; Heine erzählt ihn gelegentlich einmal, als er einer Aufführung gedenkt, der er von einem aus diesem Stoffe gemachten Theaterstücke in Amsterdam – wie ich glaube – beiwohnte. Dieser Gegenstand reizte mich und prägte sich mir unauslöschlich ein: noch aber gewann ich nicht die Kraft zu seiner notwendigen Wiedergeburt in mir." (1)

„... Besonders die von Heine einem holländischen Theaterstücke gleichen Titels entnommene Behandlung der Erlösung dieses Ahasverus des Ozeans gab mir alles an die Hand, diese Sage zu einem Opernsujet zu benutzen. Ich verständigte mich darüber mit Heine selbst." (2)

(1)   aus der >Mitteilung an meine Freunde< - entnommen aus >Die Oper<, a.a.O., S. 15

(2)   aus der >Autobiographischen Skizze<, ebenda entnommen

8

„Von den Überlieferungen der "Holländer-Fabel" hat Wagner nur die Heinesche Erzählung (xx) und Geschichten aus dem Mund von Matrosen kennengelernt. Dass die Gestalt des Fliegenden Holländers auf die legendenumwobenen kalvinistisch-starrköpfigen holländischen Seeleute des 17. Jahrhunderts zurückging, deren kühne Taten die Weltmeere erfüllten, wusste Wagner ebenso wenig wie ihm etwas über die Literaturgeschichte zu diesem Thema bekannt war, das anders als die weit ältere Ahasveruslegende erst Anfang des 19. Jahrhunderts aus Erzählungen abergläubischer Matrosen literarische Form gewann." (1)

Beim "Fliegenden Holländer" waren also geschichtliche Forschungen nicht nötig, da Wagner bei Heine alles fand, was er brauchte. Lediglich weniger Änderungen und Zusätze bedurfte es, um den Holländer-Stoff in seinem Sinne als Textbuch für seine Oper zu würdigen.

Wagner wurde erstmals 1831 durch seinen Studienfreund Schröter auf Dichtungen und Schriften Heinrich Heines aufmerksam gemacht.

„Mit Schröter (einem Studenten in Leipzig) ging ich auch wirklich um, trotzdem er bedeutend älter war als ich; durch ihn wurde ich mit den H: Heineschen Büchern und Gedichten bekannt.
Dies war im Jahre 1831. Bis dahin lagen von Heine gedruckt vor: Gedichte (1822); Tragödien nebst einem lyrischen Intermezzo (1823); Reisebilder 1. Teil (1826), 2. Teil (1827), 3. Teil (1830); Buch der Lieder (1827)." (2)

Selbst die Einteilung des Stoffes in drei Akte wurde von Heine übernommen, und doch hat Wagner hier wieder etwas ganz Neues geschaffen.

---

(1)  Helmut Kirchmeyer >Die sagengeschichtliche Überlieferung des 'Holländer-Stoffes'<, a.a.O., - entnommen aus Richard Wagner >Der fliegende Holländer; Texte, Materialien, Kommentare<, a.a.O., S. 61

(xx)  Vgl. Dokumentation S. 71 (zum Zitat gehörig)

(2)  wiedergegeben und zitiert nach >Die Oper<, a.a.O., S. 18

Allein die Gestalt des Erik, welche Wagner, als Gegenspieler des Holländers, dem Stück beigegeben hat, sorgt für Spannung und Dramatik.

Natürlich gibt es immer wieder Menschen, die aus Neid Wagners Größe als Künstler bestreiten. Dazu gehört auch Herr Eduard Hanslick.

„Wer im 'Tannhäuser' und 'Lohengrin' sich etwa noch darüber täuschen konnte, in welcher totalen Abhängigkeit von Weber und Marschner Wagners Erfindung steht, der wird nach dem Anhören des 'Holländer' darüber wohl im Reinen sein. Von welch rührender Unselbständigkeit sind diese Melodien Wagners! Nur in der Behandlung des Orchesters finden wir die grellsten Errungenschaften Meyerbeers und Berlioz' zu dem hinzugebracht, was uns Weber und Marschner bereits besser und ursprünglicher gegeben... . Mahnt Erik schon durch das grüne Jägerkleid an seinen glücklicheren Bruder Max, so ist die ahnungsvoll schwärmende Senta vollends eine ins Wagner'sche übersetzte (das heißt hysterisch gewordene) Agathe. ..." (1)

Ich glaube, diese Kritik kann man lächelnd übergehen und behaupte, dass jeder große Komponist bewusst oder unbewusst durch erlebte Ereignisse in seinen Werken beeinflusst wurde.
Aber entscheidend ist doch, was ein Künstler aus dem "Übernommenen" macht.

„Neuer Wein in alten Schläuchen. In einer Hinsicht sind die Werke aller Stile so verschieden wie alle Weine (wenn man sie in alte Schläuche gießt, so – weil darin die Essenzen der alten enthalten sind). Gemeinsam (und das ist der alte Schlauch) ist bloß unsere Art zu denken.." (2)

(1) Richard Wagner >Der fliegende Holländer; Texte, Materialien, Kommentare<, a.a.O., S. 141/143

(2) > Musik-Konzepte Sonderband Arnold Schönberg<, Die Reihe über Komponisten, herausgegeben von Heinz-Klaus Metzger und Rainer Riehn, München, Dezember 1980, S. 11 unter "Neue Musik – Meine Musik"

„... Ihre Emanzipation der Musik ist nicht das Produkt anarchischer Willkür oder etwa der Absicht entsprungen, sich bürger-schreckhaft zu gebärden, sondern will den neuen musikalischen Ausdruck, der, in Schönbergs Worten 'einem inneren Zwange' folgt, in der 'richtig verstandenen, guten alten Tradition' verankert sehen." (1)

Die Moral, wenn es überhaupt eine ist, die Heine aus seiner Fabel zieht, würde man bei Wagner niemals finden.

Paul Becker glaubt, die wesentlichen Charakterzüge der beiden Künstler darstellen zu können.

„Heine sieht die Doppelwelt der Romantik, das ständige Gegenspiel von Traum und Wirklichkeit, von Gefühlsschwärmerei und Verstandeswahrheit als einander bedingte Vorstellungsarten. Er empfindet das Zwiespältige des Unvereinbaren.
Wagner, der Künstler des Theaters, gibt sich vorbehaltlos der Illusion des Traumbildes hin. ... Er muss das Unwahrscheinliche wahrscheinlich machen. ..." (2)

Zwar hat Wagner den Erlösungsgedanken ebenfalls von Heine übernommen aber er tritt bei ihm, eben durch die dramatische Behandlung des Stoffes und den Verzicht auf Ironie, viel stärker in den Vordergrund. Es ist klar ersichtlich, dass der Erlösungsgedanke das Hauptinteresse Wagners an diesem Werk war.

„Die Gestalt des 'Fliegenden Holländers' ist das mythische Gedicht des Volkes: ein uralter Zug des menschlichen Wesens spricht sich in ihm mit herzergreifender Gewalt aus. Dieser Zug ist, in seiner allgemeinsten Bedeutung, die Sehnsucht nach Ruhe aus Stürmen des Lebens. ..." (3)

---

(1) Alban Berg, >Musik-Konzepte<, Kammermusik II, Heft 9, München, Juli 1979, S. 30 unter: "Dialektik der musikalischen Freiheit"

(2) Paul Becker, Wagner "Das Leben im Werk", Stuttgart, Berlin und Leipzig, 1924, S. 124 – entnommen aus >Die Oper<, a.a.O., S. 22

(3) >Eine Mitteilung an meine Freunde< (1851) - entnommen aus: Richard Wagner >Der fliegende Holländer; Texte, Materialien, Kommentare<, a.a.O., S. 81

„Vom tiefen Seelendrama, dass er (Heine) Wagner hier sehen ließ, ahnte er, obwohl er es andeutete, kaum die wahre Dimension, besser: die Dimension, die Wagner ihm verleihen sollte. (1)

Doch wie kam Heine zu dieser Version der Sage?

In der Fabel heißt es: „Auf diese Fabel gründete sich das Stück, das ich in Amsterdam gesehen. ..." Doch dieser Satz muss wohl aus dem Mund des Herrn von Schnabelewopski stammen, denn die Forschung hat dieses holländische Theaterstück nicht verifizieren können (2) und die Sage ist nicht vor 1830 in die holländische Literatur eingegangen. (3)

Aber Heine war 1827 in London (4) und dort wurde, wie im II. Teil schon erwähnt, seit Dezember 1826, im Adelphi-Theatre mit großem Erfolg >The Flying Dutchman or The Phantom Ship< von Eduard Fitzball gespielt.

Eduard Reeser sagt weiter:
„Wiewohl dieses Stück – worin zum erstenmal der Holländer Vanderdecken genannt wird, mit welchem Namen ihn auch Heine später be-

---

(1)  >Opern der Welt<, Richard Wagner >Der fliegende Holländer<, verfasst und herausgegeben vom Kurt Pahlen (Originalausgabe), München, 1975/1982, S. 89

(2)  >Musik-Konzepte 5, Richard Wagner, Wie antisemitisch darf ein Künstler sein?<
Die Reihe über Komponisten, herausgegeben von Heinz-Klaus Metzger und Rainer Riehn, München, Juni 1981, 2. Auflage, S. 9/10
- „Das von Wagner erwähnte holländische Theaterstück hat die Forschung nicht verifizieren können, sondern als zur Erzählperspektive des Herrn Schnabelewopski gehörig erkannt."

(3)  Eduard Reeser >Die sagengeschichtlichen und literarischen Grundlagen des 'Fliegenden Holländers'< - entnommen aus >Richard Wagner 'Der fliegende Holländer'; Texte, Materialien, Kommentare<, a.a.O., S. 68, beruft sich auf:: Kalff, a.a.O., S. 35, 71

(4)  Vgl. Eduard Reeser in: Richard Wagner, >Der fliegende Holländer; Texte, Materialien, Kommentare<, a.a.O. S. 64

zeichnet hat – von Heines Beschreibung in allen Hauptsachen abweicht, haben beide Versionen nichtsdestoweniger zwei weitere Motive gemeinsam: den Brauch, dass die Mannschaft unbestellbare Briefe zur Besorgung übergibt und das Lied, welches die zukünftige Braut vor dem Bild, des ihr noch unbekannten Holländers singt. Diese zwei Tatsachen widersprechen der Feststellung Ashton Ellis (x), dass Fitzball keinerlei Einfluss auf Heine und Wagner ausgeübt habe." (1)

Das Lied oder den Satz, in dem gesagt wird, dass die zukünftige Braut vor dem Bild des ihr noch unbekannten Holländers ein Lied singt, konnte ich auch bei mehrmaligem Lesen der Fabel nicht auffinden.

Die englische Holländerliteratur hat, nach Eduard Reeser (2), Heine nur die Idee, nicht aber den Verlauf seiner Erzählung geliefert.
Auch die gleichzeitige deutsche Literatur soll in dieser Hinsicht keine nachweisbaren Vorbilder bieten. Zwar könnte Heine das Gedicht >Der ewige Segler< (1812) von H. Schmidt oder auch >Das Geisterschiff< (1832) von J. Chr. Freiherr von Zedlitz gelesen haben, aber von einer Verwandtschaft mit dem angeblichen Amsterdamer Theaterstück könnte bei beiden nicht die Rede sein.

„Wahrscheinlicher wäre eine Beeinflussung durch die beiden Märchen Hauffs >Die Höhle von Steenfoll< und >Die Geschichte vom Gespensterschiff< …".

In >Norderney< (3) erzählt Heine u.a. von Sagen, die er von Seeleuten hörte:

(1)  ebenda, S. 66

(x)  Vgl. Ashton Ellis: >From Fitzball to Wagner, A Flying Dutchman Fallacy< (The Meister, Quarterly Journal of the London Branche of the Wagner Society, V, 1892). (zum Zitat gehörig)

(2)  ebenda, S. 67

(3)  Heinrich Heines sämtliche Werke von Gustav Karpeles, Leipzig o.J., V S. 57 ff – entnommen aus: >Die Oper<, a.a.O., S. 18

„Man hegt hier ... wunderliche Sagen von Hexen, die den Sturm zu beschwören wissen; wie es denn überhaupt auf allen nordischen Meeren viel Aberglauben gibt ...
Ich gehe hier oft am Strande spazieren und gedenke solcher seemännischer Wundersagen. Die anziehendste derselben ist wohl die Geschichte vom fliegenden Holländer, den man im Sturm mit aufgespannten Segeln vorbeifahren sieht und der zuweilen ein Boot aussetzt um den begegnenden Schiffen allerlei Briefe mitzugeben, die man nachher nicht zu besorgen weiß, da sie an längst verstorbene Personen adressiert sind."

Wie bei Heine erst durch die Erzählung der Fischer und Matrosen auf Norderney der fliegende Holländer entstehen konnte, musste auch bei Wagner noch ein zweites Moment hinzukommen.

# Die Seereise

Im Jahre 1837 lebt Wagner seit dem 21. August in Riga als Kapellmeister am Theater. Er ist noch mit Minna Planer, einer Schauspielerin, verheiratet und arbeitet an seinem Rienzi.

„Das Jahr 1839 begann schlecht für Wagner. Seine Stellung in Riga wurde trotz bedeutender Leistungen im Theater unhaltbar, wie überall, wenn er in einem Abhängigkeitsverhältnis zu einer Obrigkeit stand. Daran waren – wie immer – persönliche Zerwürfnisse ebenso schuld wie seine kühnen Reformideen bestehender Zustände, sein Geltungstrieb, sowie sein unbedingter Glaube an das eigene Genie, von dem er bis dahin andere Menschen nicht durch Taten zu überzeugen wusste. Hinzu traten, wie ebenfalls immer und überall, drückende Schulden, da er stets so zu leben wünschte, wie er hoffte, es sich eines Tages leisten zu können, was aber unter den gegebenen Umständen, und noch auf längere Zeit hinaus, in den Augen der Mitbürger als Größenwahn erscheinen musste. So verlor er im März 1839 seine Stellung. Einen Monat später gab Minna die ihre auf, nachdem sie in einigen Abschiedsvorstellungen sehr erfolgreich gewesen war." (1)

Da er „mit der Konzeption des Rienzi nur noch die großartigsten Theaterverhältnisse ins Auge gefasst" hatte, wollte er sich „nun mit Übergehung aller Zwischenstationen sofort dem Brennpunkte des europäischen Opernwesens unmittelbar zuwenden" (2) – Paris.

Doch „der Ertrag eines Benefiz-Konzertes und einige sonstige kleine Ersparnisse reichten gerade eben nur aus, die von Magdeburg und Königsberg gegen mich in Riga klaghaft gewordenen Gläubiger zu befrie-

---

(1)   Richard Wagner >Opern der Welt<, >Der fliegende Holländer<, a.a.O., S. 89/90

(2)   Wiedergegeben nach: >Mein Leben<, vollständig kommentierte Ausgabe, herausgegeben von Martin Gregor-Dellin, München, 1976, S. 166

digen. War ich genötigt, hierfür mein Geld zu verwenden, so verblieb mir nicht ein Heller. Hier musste nun Rat geschaffen werden, …" (1)

Mit Hilfe seines alten Königsberger Freundes Abraham Möller wurde die Überschreitung der russischen Grenze ohne Pass, „da auf diesen von Seiten der auswärtigen Gläubiger Beschlag gelegt war", (2) in dessen Reisewagen mit Extrapost ermöglicht.

Die abenteuerlichen Augenblicke dieser Seefahrt können übergangen werden. Äußerst wichtig dagegen ist die Seefahrt mit dem Segelschiff "Thetis" von dem preußischen Hafen Pillau nach London.

Nachdem die dänische Hauptstadt in sieben Reisetagen erreicht wurde, gerieten sie im Skagerrak in einen heftigen Sturm, so dass sich der Kapitän des Schiffes am 29. Juli gezwungen sah, in einen kleinen norwegischen Hafen einzulaufen. (3)

„Ein unsägliches Wohlgefühl erfasste mich, als das Echo der ungeheuren Granitwände den Schiffsruf der Mannschaft zurückgab, unter welchem diese den Anker warf und die Segel aufhisste. Der kurze Rhythmus dieses Rufs haftete in mir wie eine kräftig tröstende Vorbedeutung und gestaltete sich bald zu dem Thema des Matrosenliedes in meinem 'fliegenden Holländer', dessen Idee ich damals schon mit mir herumtrug und nun unter den soeben gewonnenen Eindrücken eine bestimmte poetisch-musikalische Farbe gewann. Hier gingen wir denn auch ans Land. Ich erfuhr, dass der kleine Fischerort, der uns aufnahm, Sandwike hieß und einige Meilen von dem größeren Orte Arendal abgelegen sei. Das Haus eines verreisten Schiffskapitän nahm uns zu unserer Erholung auf. …" (4)

(1) ebenda, S. 168

(2) vgl. ebenda, S. 168

(3) vgl. ebenda, S. 171

(4) ebenda, S. 172

Wagner hat also die Atmosphäre, wie sie im fliegenden Holländer beschrieben wird, selbst "erlebt".

Wie Daland mit seinem Schiff wegen des Sturmes bei "Sandwike" vor Anker gehen musste, so hatte es auch die Thetis dorthin verschlagen. Auch der fliegende Holländer wurde für "kurze Frist" in dem Hause eines norwegischen Kapitäns aufgenommen. Wagner hat die Inneneinrichtung eines norwegischen Seemann-Hauses kennen gelernt.

Wagner berichtet in seiner >Autobiographischen Skizze< (1):

„Diese Seefahrt wird mir ewig unvergessen bleiben; sie dauerte drei und eine halbe Woche und war reich an Unfällen. Dreimal litten wir von heftigstem Sturme, und einmal sah sich der Kapitän genötigt, in einem norwegischen Hafen einzulaufen. Die Durchfahrt durch die norwegischen Schären machte einen wunderbaren Eindruck auf meine Phantasie; die Sage vom fliegenden Holländer, wie ich sie aus dem Munde der Matrosen bestätigt erhielt, gewann in mir eine bestimmte, eigentümliche Farbe, die ihr nur die von mir erlebten Seeabenteuer verleihen konnten."
In >Eine Mitteilung an meine Freunde< schreibt er (2):

„Hier tauchte mir der 'Fliegende Holländer' wieder auf: an meiner eigenen Lage gewann er Seelenkraft; an den Stürmen, den Wasserwogen, dem nordischen Felsenstrande und dem Schiffgetreibe, Physiognomie und Farbe."

(1)  entnommen aus >Die Oper<, a.a.O., S. 19/20

(2)  ebenda, S. 20

# Paris

In der Nacht zum 12. August laufen sie endlich in die Themsemündung ein. Nachdem sie sich eine Woche in London aufgehalten haben, geht die Fahrt per Dampfschiff weiter nach Frankreich. (1)

Bei einem Zwischenaufenthalt in Boulogne-sur-Mer kommt Wagner mit Meyerbeer zusammen, dem er seinen Rienzi-Text vorliest und Teile seiner vollendeten Oper zur musikalischen Prüfung überlässt.

Am 16. September 1839 treffen sie schließlich in Paris ein. Aber Wagner war in Paris nicht einmal ein kleines Rädchen im ganzen Operngetriebe und „sein Französisch war rudimentär und wohl nicht besonders geeignet, um in eleganten und weltmännischen Salons, in denen so manche Entscheidung des Kunstlebens fiel oder zumindest vorbereitet wurde, mitzureden". (2)

Nur durch Meyerbeer, dem damaligen Beherrscher des Pariser Musiklebens, bekommt er Verbindung mit dem Direktor der Großen Oper, Leon Pillet.
„… Plötzlich (1849) erschien Meyerbeer wieder auf eine kurze Zeit in Paris. Mit der liebenswürdigsten Teilnahme erkundigte er sich nach dem Stand meiner Angelegenheiten und wollte helfen. Nun setzte er mich auch in Verbindung mit dem Direktor der Großen Oper, Leon Pillet: es war dabei auf eine zwei- oder dreiaktige Oper abgesehen, deren Komposition für dieses Theater mir anvertraut werden sollte. Ich hatte für diesen Fall mich bereits mit einem Sujetentwurfe vorgesehen." (3)

(1)  >Mein Leben<, a.a.O., S. 174

(2)  >Opern der Welt<, a.a.O., S. 97

(3)  Richard Wagner >Autobiographische Skizze< (1842), von Heinrich Laube, 1843 in der >Zeitung für die elegante Welt< veröffentlicht, enthalten in Richard Wagners >Gesammelte Schriften<, herausgegeben von Julius Kapp, Leipzig o.J., S. 54 – ent­nommen aus >Die Oper<, a.a.O., S. 5/6

Dieser Entwurf war also der zum "Fliegenden Holländer". Auf diese Freude folgte jedoch bald die bittere Enttäuschung:

„Bald war ich erstaunt, von Pillet zu erfahren, der von mir überreichte Entwurf gefalle ihm so sehr, dass er wünschte, ich träte ihm denselben ab. Er sei nämlich genötigt, einem älteren Versprechen gemäß einem anderen Komponisten baldigst ein Opernbuch zu übergeben; der von mir verfasste Entwurf scheine ihm ganz zu solchem Zwecke geeignet und ich würde wahrscheinlich keine Bedenken tragen, in die erbetene Abtretung einzuwilligen, wenn ich überlegte, dass ich vor dem Verlauf von vier Jahren mir unmöglich Hoffnung machen könnte, den unmittelbaren Auftrag zur Komposition einer Oper zu erhalten, da er erst noch Zusagen an mehrere Kandidaten der großen Oper zu erfüllen habe; bis dahin dürfte es mir natürlich doch auch zu lang werden, mich mit diesem Sujet herumzutragen; ich würde ein neues auffinden und mich gewiss über das gebrachte Opfer trösten. Ich bekämpfte hartnäckig diese Zumutung, ohne jedoch etwas anderes al die vorläufige Vertagung der Frage ausrichten zu können. ... (1)

„Den Winter zu 1841 durchbrachte ich auf das unrühmlichste. Im Frühjahr zog ich auf das Land nach Meudon; bei dem warmen Herannahen des Sommers sehnte ich mich wieder nach einer geistigen Arbeit; die Veranlassung dazu sollte mir schneller kommen, als ich dachte. Ich erfuhr nämlich, dass mein Entwurf des Textes zum 'Fliegenden Holländer' bereits einem Dichter, Paul Fouché, übergeben worden war und ich sah, dass, erklärte ich mich endlich zur Abtretung desselben nicht bereit, ich unter irgendeinem Vorwande gänzlich darum kommen würde. Ich willigte also endlich für eine gewisse Summe in die Abtretung meines Entwurfes ein. Ich hatte nun nichts Eiligeres zu tun, als mein Sujet selbst in deutschen Versen auszuführen." (2)

Wagner wusste, dass er durch das "Erlebnis", durch die "Inspiration" der Seereise einen Vorteil gegenüber jenem Kapellmeister Dietsch hatte,

(1)  ebenda, S. 6

(2)  ebenda, S. 6

dem ein, vielleicht nicht ganz fremdes, so aber doch von ihm aus einer gewissen Distanz betrachtetes Sujet zur Komposition übergeben wurde. Die Dietsch-Oper wurde denn auch schnell vergessen. Nur sieben Wochen brauchte Wagner, um die Oper zu komponieren. Seine „niedrigsten äußeren Sorgen" verschoben die Komposition der Ouvertüre auf volle zwei Monate, „trotzdem" er „sie fast fertig im Kopfe herumtrug." (1)

(1) Richard Wagner >Autobiographische Skizze< (1842) – entnommen aus: Richard Wagner >Der fliegende Holländer; Texte, Materialien, Kommentare<, a.a.O., S. 79

# III. Die Dichtung der Oper

# Inhalt der Oper

Erster Aufzug:

Daland, ein norwegischer Seefahrer, ist vom Sturm in die Bucht von Sandwike verschlagen worden. Geduldig möchte er das Nachlassen des Sturmes abwarten, lässt die Matrosen im Schiffsraum ausruhen, übergibt dem Steuermann die Wache und geht ebenfalls in seine Kajüte.

Nach der ersten Schiffsrunde setzt sich der Steuermann, von Müdigkeit überfallen, am Steuerruder nieder und versucht vergebens durch ein Lied den Schlaf zu verdrängen.

Das Schiff des Fliegenden Holländers „naht sich mit großer Schnelle der Küste und legt auf der dem norwegischen Schiffe entgegengesetzten Seite an." (1)

Der Holländer in schwarzer spanischer Tracht geht ans Land und schildert in einem ausgedehnten Monolog sein schicksalhaftes Leid: Er sucht sein Heil im Tod, findet diesen aber nicht, da er unter dem "Schreckgebot der Verdammnis" steht. – Nirgends ein Grab! Niemals der Tod!" (2)

Nur durch ein treues Weib kann er von seinen Qualen erlöst werden. Die Möglichkeit, seine Erlösung zu betreiben, wird ihm alle sieben Jahre gegeben. „Die Frist ist um und abermals verstrichen sind sieben Jahr", doch der Holländer ist „voll Überdruss", fühlt sich als „Spiel-

(1)  Regieanweisung Wagners im 1. Aufzug

(2)  im Monolog des Holländers im 1. Aufzug

werk" vom Engel Gottes verspottet, da er schon mehrmals vom Meer ans Land geworfen wurde. (1)

Um die Windlage zu erkunden kommt Daland aus seiner Kajüte, erblickt das fremde Schiff und den Holländer an Land. Als dieser auf die Frage nach seiner Herkunft nicht eingeht, geht Daland ans Land und unterhält sich mit ihm. Der Holländer bietet zunächst für das Obdach einer einzigen Nacht reichhaltige Schätze und schließlich seinen gesamten Reichtum für die Erhaltung einer neuen Heimat und die Tochter Dalands, die derselbe ein treues Kind nennt. Daland, erstaunt über den Reichtum des Holländers, geht auf diesen Handel ein.

Nachdem das Wetter sich völlig aufgeklärt und der Wind umgeschlagen ist, segelt er unter Absprache mit dem Holländer in Richtung Heimat voraus.

(1) im Monolog des Holländers im 1. Aufzug

22

Zweiter Aufzug:

„Mary und die Mädchen sitzen um den Kamin" eines „geräumigen Zimmers im Hause Dalands" (1) und spinnen unter einem zur Unterhaltung dienenden Lied.

„Senta, in einem Großvaterstuhle zurückgelehnt und mit untergeschlagenen Armen, ist im träumerischen Anschauen" (2) eines Bildes, einem Konterfei vom "Fliegenden Holländer", versunken.

Während Senta in ihrer Haltung auf Mary sorgevoll einwirkt, wird sie von den Mädchen geneckt.

Senta unterbricht ärgerlich das Lied und wendet sich zu den Mädchen mit der Ballade über den "Fliegenden Holländer". Am Schluss der Ballade gerät sie in immer stärker werdende Ekstase und fühlt sich als Erlöserin des Holländers berufen, was sie, zum Erschrecken aller, in einem Ausruf mitteilt.

Erik, der in diesem Augenblick zur Tür hereingetreten ist und zur Freude Sentas und der Mädchen die Ankunft des Vaters verkündet, hat den Ausruf ebenfalls vernommen. Verzweifelt stellt er Senta zur Rede und erzählt ihr zur Warnung einen Traum, in dem sie ihren Vater und den Holländer bei ihrer Ankunft begrüßt und mit dem Holländer aufs Meer flieht. Senta gerät abermals in Ekstase und sieht in diesem Traum die Bestätigung, als Erlöserin des Holländers berufen zu sein. Erik stürzt voll Verzweiflung und Entsetzen davon.

Daland und der Holländer treten zur Überraschung Sentas ein. Nachdem Daland ihr den Fremden als zukünftigen Bräutigam anbietet, lässt er die beiden allein, um sich ihre Empfindungen austauschen zu können. Der

(1) Regieanweisung Wagners im 2. Aufzug

(2) Regieanweisung Wagners im 2. Aufzug

Holländer sieht das Bild seiner Erlöserin, wie er es „seit banger Ewigkeit träumte" (3), vor sich. Senta erkennt den "Fliegenden Holländer" und ist entschlossen, ihm durch die Treue bis in den Tod zum Heil zu verhelfen.

(1)   siehe Duett Holländer/Senta im 2. Aufzug

Dritter Aufzug:

„Die beiden Schiffe, das des Norwegers und das des Holländers", haben, „ziemlich nah beieinanderliegend", in einer „Seebucht mit felsigem Gestade" (1), in der Nähe von Dalands Haus geankert.

Die norwegischen Matrosen feiern mit ihren Mädchen in dieser hellen Nacht die Rückkehr auf dem Verdeck ihres erleuchteten Schiffes und singen dazu ein ausgelassenes Trinklied.

Die Mannschaft des holländischen Schiffes, über das eine unnatürliche Finsternis ausgebreitet ist, scheint zu schlafen. Die ersten Versuche, die Mannschaft zu wecken und am Feste zu beteiligen, misslingen, worauf sich die Mädchen furchtsam aus der Nähe des holländischen Schiffes entfernen. Erst als die Matrosen in ihrer übermütigen Stimmung die Holländermannschaft zum Singen auffordern, beginnt es sich auf dem unheimlichen Schiff, welches durch den Sturmwind in seiner nächsten Umgebung von den Wogen auf- und abwärts getragen wird, zu regen. Ein unheimlicher Spuk-Gesang, der auf seinem Höhepunkt mit einem grellen Hohngelächter endet, erschallt von dieser Gespenstermannschaft.

Die norwegischen Matrosen, welche „erst mit Verwunderung, dann mit Entsetzen" das Geschehen beobachten, stimmen ihr Lied an, verlieren jedoch dieses Wettsingen und „verlassen, von Grausen übermannt, ihr Verdeck". (2)

Senta kommt aus dem Hause und Erik folgt ihr in der größten Aufregung. In einem vom Holländer belauschten Streit erinnert er sie an die Gelobung der Treue ihm gegenüber.

(1) Regieanweisung Wagners im 3. Aufzug

(2) Regieanweisung Wagners im 3. Aufzug

Der Holländer sieht sich erneut verloren und besteigt sein Schiff. Senta jedoch erreicht in Eile ein in See hervorragendes Felsenriff, versichert ihm erneut die Treue bis zum Tod und stürzt sich in das Meer.

Der Holländer ist erlöst.

# Vergleich der Fabel Heines
# mit der Textdichtung Wagners

## Heinrich Heine:
## Die Fabel von dem "Fliegenden Holländer" (1)

'Aus den Memoiren des Herrn von Schnabelewopski', VII. Kapitel

Die Fabel von dem Fliegenden Holländer ist Euch gewiss bekannt. Es ist die Geschichte von dem verwünschten Schiffe, das nie in den Hafen gelangen kann und jetzt schon seit undenklicher Zeit auf dem Meere herumfährt.

Begegnet es einem anderen Fahrzeuge, so kommen einige von der unheimlichen Mannschaft in einem Boote herangefahren und bitten, ein Paket Briefe gefälligst mitzunehmen. Diese Briefe muss man an den Mastbaum festnageln, sonst widerfährt dem Schiffe ein Unglück, besonders wenn keine Bibel an Bord oder kein Hufeisen am Fockmaste befindlich ist.

Die Briefe sind immer an Menschen adressiert, die man gar nicht kennt oder die längst verstorben, so dass zuweilen der späte Enkel einen Liebesbrief in Empfang nimmt, der an seine Urgroßmutter gerichtet ist, die schon seit hundert Jahr im Grabe liegt.

Jenes hölzerne Gespenst, jenes grauenhafte Schiff, führt seinen Namen von seinem Kapitän, einem Holländer, der einst bei allen Teufeln geschworen, dass er irgendein Vorgebirge, dessen Namen mir entfallen, trotz des heftigen Sturmes, der eben wehte, umschiffen wollte, und sollte er auch bis zum Jüngsten Tage segeln müssen.

(1) Richard Wagner >Der fliegende Holländer; Texte, Materialien, Kommentare<, a.a.O., S. 71 -75

27

Der Teufel hat ihn beim Wort gefasst, er muss bis zum Jüngsten Tage auf dem Meere herumirren, es sei denn, dass er durch die Treue eines Weibes erlöst werde.

Der Teufel, dumm wie er ist, glaubt nicht an Weibertreue und erlaubte daher dem verwünschten Kapitän, alle sieben Jahr einmal ans Land zu steigen, um zu heuraten und bei dieser Gelegenheit seine Erlösung zu betreiben.

Armer Holländer! Er ist oft froh genug, von der Ehe selbst wieder erlöst und seine Erlöserin loszuwerden und er begibt sich dann wieder an Bord. Auf diese Fabel gründete sich das Stück, das ich im Theater zu Amsterdam gesehen.

Heine I. Teil:

Es sind wieder sieben Jahr verflossen, der arme Holländer ist des endlosen Umherirrens müder als jemals, steigt ans Land, …

… schließt Freundschaft mit einem schottischen Kaufmann, dem er begegnet, …

… verkauft ihm Diamanten zu spottwohlfeilem Preise, …

… und wie er hört, dass sein Kunde eine schöne Tochter besitzt, verlangt er sie zur Gemahlin. Auch dieser Handel wird abgeschlossen. …

Wagner I. Aufzug:

II. Szene: Der Holländer geht ans Land, …

Holländer: „Die Frist ist um, … und abermals verstrichen sind sieben Jahr … voll Überdruss wirft mich das Meer ans Land … Ha! Stolzer Ozean! In kurzer Frist sollst du mich wieder tragen! Dein Trotz ist beugsam, doch ewig meine Qual. Das Heil, das auf dem Land ich suche, nie werd ich es finden! …"

III. Szene: Daland, Steuermann, Holländer, Matrosen

Holländer: (ohne seine Stellung zu verlassen) Weit komm ich her … Verwehrt bei Sturm und Wetter ihr mir den Ankerplatz?"

Daland: Behüt es Gott! Gastfreundschaft kennt der Seemann! (an das Land gehend) Wer bist du? …"

Holländer: „… Vergönne mir auf kurze Frist dein Haus und deine Freundschaft soll dich nicht gereu'n! Mit Schätzen aller Gegenden und Zonen ist reich mein Schiff beladen; willst du handeln, so sollst du sicher deines Vorteils sein!…"

„All meinen Reichtum biet ich dir, wenn bei den Deinen du mir neue Heimat gibst!"

Holländer: „Hast du eine Tochter?"

Daland: „Fürwahr, ein treues Kind!"

Holländer: „Sie sei mein Weib!"

Daland: „… Der nächste günst'ge Wind bringt uns nach Haus; du sollst sie sehen – und wenn sie dir gefällt …"

Holländer: „So ist sie mein …"

Bei Heine und Wagner steigt der Holländer nach sieben Jahren ans Land. Wagner geht aber noch mehr auf die Person des Fliegenden Holländers ein. Heines "Kurzfassung" ist wiederum dadurch legitimiert, indem er sagt, dass der Fliegende Holländer bei ihm nur "als Rahmen" seiner Liebesgeschichte dient.

Wagner gibt dem "Klagegesang" des Holländers eine melancholische Grundstimmung. Obwohl dem Holländer nach sieben Jahren wieder einmal die Möglichkeit einer Erlösung in die Hände gelegt wird, kommt in ihm keine Feierstimmung auf. Er resigniert beinahe schon, obwohl noch nichts geschehen ist.

Holländer:  „Vergebne Hoffnung! Furchtbar eitler Wahn! Um ew'ge Treu auf Erden – ist's getan!"

Er resigniert, weil eigentlich nicht ihm die Möglichkeit seiner Erlösung in die Hände gelegt worden ist, sondern den Menschen auf Erden.

Er fühlt sich als ein Spielwerk, das vom Engel Gottes verspottet wird und hofft nur darauf, dass die Erde eines Tages zugrunde geht.

Aus dem schottischen Kaufmann macht Wagner in seiner Schlussfassung einen norwegischen Kapitän.

Nicht ohne Grund lässt Wagner den Holländer in seiner zuvor angenommenen Stellung, wenn Daland ihm zuruft.

„In der folgenden Szene mit Daland bleibt der Holländer zunächst in seiner zuvor angenommenen Stellung. Sein ganzes benehmen zeigt hier stille, ruhige Würde; sein Ausdruck ist gleichmäßig, edel, aber ohne irgendwelchen starken Akzent; er handelt und redet hier wie nach alter Gewohnheit: ..." (1)

---

(1) Gedanken Wagners zur Charakterisierung der Person des "Fliegenden Holländer" - entnommen aus >Opern der Welt<, a.a.O., S. 189

Bei Heine verkauft der Holländer seinen Schatz zu spottwohlfeilem Preise. Welchen Preis er dafür verlangt, wird nicht gesagt.

Wagner beginnt hier schon zu dramatisieren.

Holländer:   „Den Preis? Soeben hab ich ihn genannt: dies für das Ob-
             dach einer einzigen Nacht!
             … All meinen Reichtum biet ich dir, wenn bei den Deinen
             du mir neue Heimat gibst!"
             (Duett – Holländer/Daland)

Natürlich war dies erst das Vorspiel zu seinem eigentlichen Ziel. Er hat es nun geschafft, den geldgierigen * Seemann Daland zu seinen Gunsten zu manipulieren.

* Erik:      „Dein Vater, - ach! Nach Schätzen geizt er nur! …"
             (II. Aufzug, Duett – Erik/Senta)

* Daland:    „… Ha, wonach alle Väter trachten, ein reicher Eidam, er
             ist mein!"
             (I: Aufzug, Duett – Holländer/Daland)

Als er nun seinen Beschluss „Sie sei mein Weib" kundgibt, ist es tatsächlich nicht erstaunlich, dass Daland zustimmt.

Interessant ist, aus welcher Perspektive der Holländer das „treue Weib" sieht.

Daland:      „Du gibst Juwelen, unschätzbare Perlen: - das höchste
             Kleinod doch, - ein treues Weib …"

Holländer:   „Du gibst es mir?"
             (Duett – Holländer/Daland)

Ihm geht es doch eigentlich nicht um Liebe zu einem Weib, sondern um seine Erlösung.

Holländer:    „… Die düst're Glut, die hier ich fühle brennen, sollt
              ich, Unseliger, sie Liebe nennen?
              Ach nein! Die Sehnsucht ist es nach dem Heil: würd' es
              durch solchen Engel mir zuteil!"
              (II. Aufzug, Duett – Holländer/Senta)

Er handelt also egoistisch. Er sieht Senta zunächst nicht als Frau, sondern als die Möglichkeit, die Treue, dieses "Mittel", zu bekommen.
Genauer ausgedrückt, würde dies die Liebe zu sich selbst bedeuten.

Heine II. Teil

Nun sehen wir das Haus des Schotten,

Das Mädchen erwartet den Bräutigam, zagen Herzens.

Sie schaut oft mit Wehmut nach einem großen verwitterten Gemälde, welches in der Stube hängt und einen schönen Mann in spanisch-niederländischer Tracht darstellt; es ist ein altes Erbstück und nach Aussage der Großmutter ist es ein getreues Konterfei des Fliegenden Holländers, wie man ihn vor hundert Jahr in Schottland gesehen, zur Zeit König Wilhelms von Oranien.

Auch ist mit diesem Gemälde eine überlieferte Warnung verknüpft, dass die Frauen der Familie sich vor dem Originale hüten sollten. Eben deshalb hat das Mädchen, von Kind auf, sich die Züge des gefährlichen Mannes ins Herz geprägt.

Als nun der wirkliche Fliegende Holländer leibhaftig hereintritt, erschrickt das Mädchen; aber nicht aus Furcht.

Auch jener ist betroffen bei dem Anblick des Porträts. Als man ihm bedeutet, wen es vorstelle, weiß er jedoch jeden Argwohn von sich fernzuhalten: er lacht über den Aberglauben, er spöttelt selber über den Fliegenden Holländer, den ewigen Juden des Ozeans;
jedoch unwillkürlich in einen wehmütigen Ton übergehend, schildert er, wie Mynheer auf der unermesslichen Wasserwüste die unerhörtesten Leiden erdulden müsse, wie sein Leib nichts anderes sei als ein Sarg von Fleisch, worin seine Seele sich langweilt; wie das Leben ihn von sich stößt und auch der Tod ihn abweist: gleich einer leeren Tonne, die

Wagner II. Aufzug

Ein geräumiges Zimmer im Hause Dalands; an den Seitenwänden Abbildungen von Seegegenständen, Karten, usw. ...

I. Szene:   Mädchen, Mary, Senta
            - Senta-Ballade -

... An der Wand im Hintergrunde das Bild eines Mannes mit dunklem Barte und in schwarzer Kleidung. – Mary und die Mädchen sitzen um den Kamin herum und spinnen; -
Senta, in einem Großvaterstuhle zurückgelehnt und mit untergeschlagenen Armen, ist im träumerischen Anschauen des Bildes im Hintergrunde versunken.

II. Szene:   Erik, Senta
„Was hast du Kunde mir gegeben, - was mir erzählet, wer er sei! - ...“

III. Szene:  Daland, Senta, Holländer
             (Die Türe geht auf, Daland aund der Holländer zeigen
             sich.)

Der Holländer ist sogleich eingetreten; Sentas Blick streift von dem Bilde auf den Holländer, sie stößt einen gewaltigen Schrei der Überraschung aus und bleibt wie festgebannt stehen.

IV. Szene:   Senta, Holländer

sich die Wellen einander zuwerfen und sich spottend einander zurück-
werfen, so werde der arme Holländer zwischen Tod und Leben hin und
her geschleudert, keins von beiden wolle ihn behalten; sein Schmerz sei
tief wie das Meer, worauf er herumschwimmt, sein Schiff sei ohne Anker und sein Herz ohne Hoffnung.

Ich glaube, dieses waren ungefähr die Worte, womit der Bräutigam
schließt.

Die Braut betrachtet ihn ernsthaft und wirft manchmal Seitenblicke nach
seinem Konterfei.

Es ist, als ob sie sein Geheimnis erraten habe, und als er nachher fragt:
Katharina, willst du mit treu sein?, antwortet sie entschlossen: Treu bis
in den Tod.

Bei dieser Stelle, erinnere ich mich, hörte ich lachen, ...

Wagner II. Aufzug (Fortsetzung)

Senta (mit feierlicher Entschlossenheit):
„Hier meine Hand! Und ohne Reu
bis in den Tod gelob ich Treu!"

<u>Heine II. Teil / Wagner II. Aufzug</u>

Wagner kann, im Gegensatz zu Heine, das Innere des Hauses beschreiben, da er ein solches auf der Insel Sandwike kennengelernt hat.

Von dem Bild sagt Wagner nur, dass es einen Mann mit dunklem Barte und in schwarzer Kleidung darstellt.

In der II. Szene des I. Aufzuges schreibt er:

„Der Holländer geht ans Land; er trägt schwarze spanische Tracht."

Natürlich ist mit diesem abgebildeten Mann der fliegende Holländer gemeint, aber es verwundert doch sehr, dass, im Gegensatz zu Heines Fabel, der Wagnersche Holländer beim Anblick seines Porträts nicht betroffen ist.

Ist dieses Konterfei kein getreues Abbild des Holländers?

Ihrem Verhalten nach zu urteilen, muss Senta ihn wohl erkannt haben, als sie ihren Blick von dem Bild auf den Holländer streifen ließ.

Warum aber fragt Senta den Vater: „Mein Vater, sprich! – Wer ist der Fremde?"

Sie kann nicht glauben, dass ihre Vorstellung nun in die Realität übergegangen ist.

„Versank ich jetzt in wunderbares Träumen?
Was ich erblicke, ist's ein Wahn?
Weilt ich bisher in trügerischen Räumen?
Brach des Erwachens Tag heut an?
Er steht vor mir mit leidenvollen Zügen, …
Wie ich ihn oft gesehen, so steht er hier …"
(Duett – Senta/Holländer)

Wir müssen annehmen, Senta hat sich, ebenfalls wie Katharina, von

Kind auf "die Züge des gefährlichen Mannes" ins Herz eingeprägt, so dass nur sie eine "Ähnlichkeit" mit dem, nun vor ihr stehenden Holländer, feststellen kann. Denn sonst hätte Daland auch den Holländer erkennen müssen und seine Tochter retten können.

Auch Senta erwartet den Bräutigam, den fliegenden Holländer, zagen Herzens. Doch Wagner möchte hier das „"Übersinnliche" (Mädchen: „Helft, Erik, uns! Sie ist von Sinnen!") an der Person Sentas herausstellen und schafft wiederum eine „dramatische Atmosphäre", indem er Senta "normale Menschen" gegenüberstellt.

Die Mädchen halten den fliegenden Holländer nur für eine Legende und machen ihre Witze darüber.

Mädchen:    „Da sieht man, was ein Bild doch kann …
            … Sie hört euch nicht! Sie ist verliebt!
            Ei, ei! Wenn's nur nicht Händel gibt!
            Herr Erik hat gar heißes Blut, -
            dass er nur keinen Schaden tut!
            Sagt nichts! – Er schießt sonst wutentbrannt
            den Nebenbuhler – von der Wand.! (Sie lachen.)

Mary hat Angst, weil sie sieht, wie Senta mehr und mehr dem "normalen Verhalten" durch dieses Bild entrückt wird. Sie macht sich wahrscheinlich Vorwürfe, weil sie ihr vom 'Fliegenden Holländer' erzählt und die Ballade vorgesungen hat.

Mary:       „Da seht ihr's! Immer vor dem Bild!
            Willst du dein ganzes junges Leben
            Verträumen vor dem Konterfei?"

Senta:      (ohne ihre Stellung zu verlassen)
            „Was hast du Kunde mir gegeben, -
            was mir erzählet, wer er sei! – (seufzend) Der arme Mann!"
            … „Hört, was ich rate! Frau Mary singt uns die Ballade."

Mary:       „Bewahre Gott! Das fehlt mir! Den fliegenden Holländer lasst in Ruh!"

Senta:   „Wie oft doch hört ich sie von dir!"

Als Senta nun nach der Ballade, "von plötzlicher Begeisterung hingerissen", vom Stuhl springt und ruft:

> „Ich sei's, die dich durch ihre Treu erlöse!
> Mög' Gottes Engel mich dir zeigen!
> Durch mich sollst du das Heil erreichen!"

sind Mary und die Mädchen tatsächlich entsetzt und erschrocken (Hilf, Himmel! Senta! Senta!), aber sehr wahrscheinlich nur über das für ihre Maßstäbe abnorme Verhalten Sentas. Es geht dabei nicht hervor, dass sie Senta vor dem fliegenden Holländer bewahren wollen.

Das Duett zwischen Senta und dem Holländer beginnt zunächst bei beiden mit einem Monolog. Sie haben beide von diesem Augenblick geträumt und nun ist dieser Traum Wahrheit.

Während der Holländer nur an sich und sein Heil denkt, ist Senta bereit, ihr Leben zu opfern.

Er sucht das Heil, und sie wünscht sich nichts sehnlicher, als ihm zum Heil zu verhelfen.

Holländer: „... Die düst're Glut, die hier ich fühle brennen,
sollt ich, Unseliger, sie Liebe nennen?
Ach nein! Die Sehnsucht ist es nach dem Heil:
würd' es durch solchen Engel mir zuteil!"

Senta:   „Die Schmerzen, die in meinem Busen brennen, -
ach! dies Verlangen, wie sollt ich es nennen?
Wonach mit Sehnsucht es ihn treibt, - das Heil,
würd' es, du Ärmster, dir durch mich zuteil!"

Ihr Wunsch, den Holländer von seinen Qualen zu erlösen, wird durch die Schilderung seiner Leiden mehr und mehr gesteigert, bis sie dann schließlich mit feierlicher Entschlossenheit sagt:

„Hier meine Hand! Und ohne Reu
bis in den Tod gelob ich Treu!"

Senta erinnert schon ein wenig an Kundry, als sie sagt:

„Von mächt'gem Zauber überwunden,
reisst's mich zu seiner Rettung fort."

Kann sie sich überhaupt identifizieren? – Ist es ihr eigener Wunsch, dem Holländer zum Heil zu verhelfen oder ist sie im Banne ihres Vaters (Klingsor)?

Senta:     „Wer du auch seiest und welches das Verderben,
           dem grausam dich dein Schicksal konnte weih'n,
           was auch das Los, das ich mir sollt erwerben,
           gehorsam stets werd ich dem Vater sein."

Der Holländer hat ebenfalls eine offene Wunde, die dann durch den heiligen "Balsam", der dem Treueschwur entfließt, geschlossen wird.

Katharina sieht wohl mehr die "Männlichkeit", die sie wahrscheinlich in dem Holländer zu entdecken glaubt.

„Auch ist mit diesem Gemälde eine überlieferte Warnung verknüpft, dass die Frauen der Familie sich vor dem Originale hüten sollten. Eben deshalb hat das Mädchen, von Kind auf, sich die Züge des gefährlichen Mannes ins Herz geprägt."

Diese "Gefahr" löst bei ihr bestimmte Konnotationen aus, die diesem Wort anhaften (z.B. Stärke, Macht …).
Die Männlichkeit, wie sie sich Millionen von Frauen und Mädchen vorstellen mögen und wünschen, um geschützt und geborgen zu sein.

Demnach würde Katharina zunächst an ihr Wohlergehen denken. Wir wissen nicht, wie lange Katharina und der Holländer zusammen waren. Später aber muss sich die Liebe eingeschaltet haben, Diese Liebe wird also nicht von Mitleid geprägt, sondern geht als "Dank" für die erwiesenen "Dienste" des Holländers hervor. Er liebt sie auch, zweifelt aber an ihrer Treue, da sie sich ihm nicht völlig hingibt.

„… und dieses Lachen kam nicht von unten, aus der Hölle, sondern von oben, vom Paradiese. Als ich hinaufschaute, erblickte ich eine wunderschöne Eva, die mich mit ihren großen blauen Augen verführerisch ansah. Ihr Arm hing über der Galerie herab, und in der Hand hielt sie einen Apfel, oder vielmehr eine Apfelsine. Statt mir aber symbolisch die Hälfte anzubieten, warf sie mir bloß metaphorisch die Schalen auf den Kopf. War es Absicht oder Zufall? Das wollte ich wissen.

Ich war aber, als ich ins Paradies hinaufstieg, um die Bekanntschaft fortzusetzen, nicht wenig befremdet, ein weißes, sanftes Mädchen zu finden, eine überaus weiblich weiche Gestalt, nicht schmächtig, aber doch kristallig zart; ein Bild häuslicher Zucht und beglückender Holdseligkeit. Nur um die linke Oberlippe zog sich etwas, oder vielmehr ringelte sich etwas, wie das Schwänzchen einer fortschlüpfenden Eidechse. Es war ein geheimnisvoller Zug, wie man ihn just nicht bei den reinen Engeln, aber auch nicht bei hässlichen Teufeln zu finden pflegt. Dieser Zug bedeutete weder das Gute noch das Böse, sondern bloß ein schlimmes Wissen; es ist ein Lächeln, welches vergiftet worden war von jenem Apfel der Erkenntnis, den der Mund genossen.
Wenn ich diesen Zug auf weichen vollrosigen Mädchenlippen sehe, dann fühl ich in den eigenen Lippen ein krampfhaftes Zucken, ein zuckendes Verlangen, jene Lippen zu küssen: es ist Wahlverwandtschaft.

Ich flüsterte daher dem schönen Mädchen ins Ohr: Juffrow! Ich will deinen Mund küssen.

Bei Gott, Mynheer, das ist ein guter Gedanke! war die Antwort, die hastig und mit entzückendem Wohllaut aus dem Herzen hervorklang.

Aber nein – die ganze Geschichte, die ich hier zu erzählen dachte, und wozu der Fliegende Holländer nur als Rahmen dienen sollte, will ich jetzt unterdrücken. Ich räche mich dadurch an den Prüden, die dergleichen Geschichten mit Wonne einschlürfen, und bis an den Nabel, ja noch tiefer, davon entzückt sind, und nachher den Erzähler schelten, und in Gesellschaft über ihn die Nase rümpfen, und ihn als unmoralisch verschreien. Es ist eine gute Geschichte, köstlich wie eingemachte Ananas, oder wie frischer Kaviar, oder wie Trüffel in Burgunder, und wäre eine angenehme Lektüre nach der Betstunde; aber aus Ranküne, zur Strafe für frühere Unbill, will ich sie unterdrücken. Ich mache daher hier einen langen Gedankenstrich. –

Dieser Strich bedeutet ein schwarzes Sofa, und darauf passierte die Geschichte, die ich nicht erzähle. Der Unschuldige muss mit dem Schuldigen leiden, und manche gute Seele schaut mich jetzt an mit einem bitteren Blick. Je, nun, diesem Besseren will ich im Vertrauen gestehen, dass ich noch nie so wild geküsst worden, wie von jener holländischen Blondine, und dass diese das Vorurteil, welches ich bisher gegen blonde Haare und blaue Augen hegte, aufs siegreichste zerstört hat. Jetzt erst begriff ich, warum ein englischer Dichter solche Damen mit gefrorenem Champagner verglichen hat. In der eisigen Hülle lauert der heißeste Extrakt. Es gibt nichts Pikanteres als der Kontrast jener äußeren Kälte und der inneren Glut, die bacchantisch emporlodert und den glücklichen Zecher unwiderstehlich berauscht.

Ja, weit mehr als in Brünetten zehrt der Sinnenbrand in manchen scheinstillen Heiligenbildern, die mit goldenem Glorienhaar und blauen Himmelsaugen und frommen Liebhändchen. Ich weiß eine Blondine aus einem der besten niederländischen Häuser, die zuweilen ihr schönes Schloss am Zuidersee verließ und inkognito nach Amsterdam und dort ins Theater ging, jedem, der ihr gefiel, Apfelsinenschalen auf den Kopf warf, zuweilen gar in Matrosenherbergen die wüsten Nächte zubrachte; eine holländische Messaline."

Heine III. Teil

Als ich ins Theater noch einmal zurückkehrte, kam ich eben zur letzten Szene des Stückes, wo auf einer hohen Meerklippe das Weib des Fliegenden Holländers, die Frau Fliegende Holländerin, verzweiflungsvoll die Hände ringt, während auf dem Meere, auf dem Verdeck seines unheimlichen Schiffes, ihr unglücklicher Gemahl zu schauen ist.

Er liebt sie und will sie verlassen um sie nicht ins Verderben zu ziehen, und er gesteht ihr sein grauenhaftes Schicksal, und den schrecklichen Fluch, der auf ihm lastet.

Sie aber ruft mit lauter Stimme: Ich war dir treu bis zu dieser Stunde und ich weiß ein sicheres Mittel, wodurch ich dir meine Treue erhalte bis in den Tod!

Bei diesen Worten stürzt sich das treue Weib ins Meer, und nun ist auch die Verwünschung des Fliegenden Holländers zu Ende; er ist erlöst, und wir sehen, wie das gespenstische Schiff in den Abgrund des Meeres versinkt.
Die Moral des Stückes ist für die Frauen, dass sie sich in acht nehmen müssen, keinen Fliegenden Holländer zu heiraten; und wir Männer ersehen aus diesem Stücke, wie wir durch die Weiber, im günstigsten Falle, zugrunde gehen.

Wagner III. Aufzug

Seebucht mit felsigem Gestade; das Haus Dalands zur Seite im Vordergrunde … Die Haltung des holländischen Schiffes bietet einen unheimlichen Kontrast: eine unnatürliche Finsternis ist über dasselbe ausgebreitet; es herrscht Totenstille.

I. Szene:    Chor der norwegischen Matrosen
             Chor der Mädchen
             Steuermann
             Chor der Mannschaft des Fliegenden Holländers

II. Szene:   Erik, Senta

Holländer:   „Erfahre das Geschick, vor dem ich dich bewahr:
             Verdammt bin ich zum grässlichsten der Lose
             … Fahr hin, mein Heil, in Ewigkeit!2

             „… Du kennst mich nicht,-
             … den fliegenden Holländer nennt man mich.

Senta:       „Preis' deinen Engel und sein Gebot!
             Hier steh ich – treu dir bis zum Tod!"

Sie stürzt sich in das Meer. Sogleich versinkt mit einem fürchterlichen Krach das Schiff des Holländers; das Meer türmt sich hoch auf und sinkt dann in einem Wirbel zurück. – Der Holländer und Senta, beide in verklärter Gestalt, entsteigen dem Meere; er hält sie umschlungen.

## Heine III. Teil / Wagner III. Aufzug

Nun folgt bei Heine der eigentliche Hauptteil. Der fliegende Holländer dient ihm "nur als Rahmen" (1) seiner Liebesgeschichte.
Er macht sich, in einem ironischen Grundton, anscheinend über den Treueschwur der Frauen lustig.

Wagner verzichtet nur zu gern auf die Ironie.

> „Alle Ironie, aller bittere oder humoristische Sarkasmus, wie er in ähnlichen Lagen all unsren schriftstellernden Dichtern als einzige gestaltende Triebkraft verbleibt, war von mir zunächst in den genannten und ihnen noch folgenden literarischen Ergüssen (x) vorläufig so weit losgelassen und ausgeworfen worden, dass ich nach dieser Entledigung meinem inneren Drang nur durch wirkliches künstlerisches Gestalten genügen zu können in den Stand gesetzt war. ...." (2)

In der I. Szene zeigt Wagner nun den scharfen Kontrast zwischen dem Schiff des Holländers und dem Dalands. Hier treffen nun zwei Welten aufeinander, die zu vereinen nur Senta imstande ist. Den Mädchen und norwegischen Matrosen ist diese Welt unverständlich und darum "unheimlich".

---

(1)   „Aber nein – die ganze Geschichte, die ich hier zu erzählen dachte, und wozu der Fliegende Holländer nur als Rahmen dienen sollte, will ich jetzt unterdrücken." – >Die Fabel vom fliegenden Holländer<, a.a.O.

(2)   >Eine Mitteilung an meine Freunde< (1851) – entnommen aus: Richard Wagner >Der fliegende Holländer<, a.a.O., S. 80

(x)   Wagner erläutert in der ursprünglichen Fassung dieses Aufsatzes diese Stelle mit folgender Fußnote: "Unter diesen befinden sich auch Aufsätze, die ich – mit dem Namen Freudenfeuer – in Lewalds 'Europa' schrieb" – entnommen aus Richard Wagner >Der fliegende Holländer<

„Die Mädchen entfernen sich furchtsam aus der Nähe des holländischen Schiffes."

„Die norwegischen Matrosen, durch den Sturm und das Toben des immer wilder gewordenen Spukes zum Schweigen gebracht, verlassen, von Grausen übermannt, ihr Verdeck, indem sie das Zeichen des Kreuzes schlagen: ... ."

Den "normalen" Menschen begegnet man außer in Mary (im II. Akt), in den Mädchen, in Erik und in Daland, in den norwegischen Matrosen. Sie kennen die Sage vom fliegenden Holländer.

Matrosen (mit steigender Ausgelassenheit):

„Vom fliegenden Holländer wisst ihr ja: -
sein Schiff, wie es leibt, wie es lebt, seht ihr da!"

Aber woher wissen sie, dass er nun vor ihnen steht? Natürlich lachen sie und reißen ihre Witze darüber.
Es ist aber doch erstaunlich, dass er gerade vor ihnen steht, als die Matrosen von ihm reden.

Es gibt ein Sprichwort, welches in mehreren Variationen überliefert ist:

„Wenn man vom Teufel spricht, dann kommt er." Oder
„Wenn man vom Wolfe spricht, dann kommt er."

Dieses Sprichwort wird meistens lustig aufgenommen, und doch muss es aus der Erfahrung mehrerer Menschen entsprungen sin.

Nehmen wir an, die Matrosen haben bestimmte Vorstellungen von diesem „Schiff des fliegenden Holländers" und assoziieren diese nun mit dem realen Schiff, auf dem eine "Toten-Stille" herrscht und "eine unnatürliche Finsternis" ausgebreitet ist. Wenn die Matrosen nun gegen den Chor des Fliegenden Holländers singen, versuchen sie dann unbewusst, auf dieselbe Art und Weise, mit dem sie die Situation heraufbeschwört haben, diese wieder rückgängig zu machen?

Offensichtlich ist es ein "Machtkampf", den zu gewinnen der norwegischen Mannschaft die nötige Kraft fehlt.

Die II. Szene scheint Heine zuerst Recht zu geben, wenn er sich über den Treueschwur der Frauen lustig macht.

Senta fühlt sich zu der Erlösung des Holländers berufen und glaubt, die "Macht" der Treue in sich zu haben.

Erik schwächt nun diese Macht, indem er Senta an ihre Gelobung der Treue ihm gegenüber erinnert.

Der Holländer hat diese Unterredung unbemerkt belauscht und sieht sich erneut verloren.

Und doch könnte er alles zu seinen Gunsten wenden, als Senta sagt: „Halt ein! Unsel'ger! ..." Er könnte einen erneuten Versuch machen, anstatt weitere sieben Jahre auf dem Meer herumzuirren. Wenn dann Senta doch noch die Treue bräche, würde ihr Los die ewige Verdammnis sein. Er hätte nicht mehr zu verlieren, jedoch die nicht ausgeschlossene Möglichkeit, Erlösung zu finden.

Wird sein Handeln durch eine unbewusste Liebe zu ihr gelenkt, obwohl er bewusst diese Liebe leugnet?

Holländer:  „... Die düstre Glut, die hier ich fühle brennen,
sollt ich, Unseliger, sie Liebe nennen?
Ach nein! Die Sehnsucht ist es nach dem Heil:
würd' es durch solchen Engel mir zuteil!
(II. Aufzug/Duett)

Bei Heine liebt der Holländer Katharina, jedoch ist unklar, warum die "Frau Fliegende Holländerin" ins Verderben gezogen werden könnte. Er gesteht ihr zwar sein grauenhaftes Schicksal und den schrecklichen Fluch, der auf ihm lastet; es geht aus der ganzen Fabel aber nicht hervor, dass im Falle einer Untreue ihr Los die Verdammnis wäre, oder sie sonst einen Schaden davontragen würde.

Katharina und der Holländer sind bereits vermählt.

Bei Wagner würde nun im Falle einer Untreue der Fluch der ewigen Verdammnis auf diese Frau Fliegende Holländerin fallen.

> „... Vom Fluch ein Weib allein kann mich erlösen,
> ein Weib, das Treu bis in den Tod mir hält.
> Wohl hast du Treue mir gelobt, - doch vor
> dem Ewigen noch nicht: - dies rettet dich!
> Denn wiss', Unsel'ge! welches das Geschick,
> das jene trifft, die mir die Treue brechen:
> Ew'ge Verdammnis ist ihr Los!
> Zahllose Opfer fielen diesem Spruch durch mich –
> du aber sollst gerettet sein! Leb wohl! ..."

Da diese Frau bei Heine noch keine Treue gebrochen hat, wäre es nun verständlich, dass der Holländer sie aus Liebe verlassen will.

Katharina, wie auch Senta, stürzt sich ins Meer.
Beide haben dem Holländer zu der Erlösung verholfen.

Doch hat Katharina gewusst, dass sie durch ihr Handeln den Holländer erlösen würde? Hat sie ihm nicht in erster Linie ihre Treue beweisen wollen? War ihr außer der Warnung vor dem Gemälde auch die Sage vom Fliegenden Holländer bekannt?

Über das "erratene Geheimnis" gibt Heine keine konkreten Anhaltspunkte.

> „Es ist, als ob sie sein Geheimnis erraten habe ..."

Senta ist sich der Erlösung des Holländers durch ihr Handeln bewusst.

> „Wohl kenn ich dich! Wohl kenn ich dein Geschick;
> ich kannte dich, als ich zuerst dich sah!
> Das Ende deiner Qual ist da! Ich bin's,
> durch deren Treu dein Heil du finden sollst!"

Ihr geht es allein um das Heil, um die Erlösung des Holländers, die sie bewusst mit dem Mittel der Treue erreicht.

Senta (von plötzlicher Begeisterung hingerissen, springt vom Stuhle auf):

> „Ich sei's, die dich durch ihre Treu erlöse!
> Mög' Gottes Engel mich dir zeigen!
> Durch mich sollst du das Heil erreichen!"
> (II. Aufzug / Ende der Ballade)

Wagner, der doch sonst alles bis ins kleinste Detail durchdacht hat, ist sich bei der "Treue" nicht schlüssig.
Am Ende des II. Aufzuges gelobt Senta mit feierlicher Entschlossenheit die Treue bis in den Tod hinein.

Senta (mit feierlicher Entschlossenheit):

> „Hier meine Hand! Und ohne Reu'
> bis in den Tod gelob' ich Treu'!"

Bevor sie sich ins Meer stürzt, gelobt sie jedoch Treue nur bis zum Tod.

Senta:    „Preis deinen Engel und sein Gebot!
          Hier steh' ich, treu dir bis zum Tod!"

Auch wird von einer "Treue", einer "ewigen Treue" und sogar von einer "ewigen Treue auf Erden" geredet.

Holländer: „... Soll finden ich, nach qualenvollem Leben,
           in deiner Treu' die lang ersehnte Ruh'?"
           (II. Aufzug / Duett)
Holländer: „... Es flöhe schaudernd deine Jugend
           dem Lose, dem Du sie willst weih'n,
           nennst du des Weibes schönste Tugend,
           nennst ew'ge Treue du nicht dein!"
           (II. Aufzug / Duett)

Holländer:  „… Vergeb'ne Hoffnung! Furchtbar eit'ler Wahn!
Um ew'ge Treu' auf Erden – ist's getan! …"
(I. Aufzug)

Die Treue kann für einen bestimmten Zeitabstand gelten.

Die ewige Treue müsste so ewig wie das unendliche Weltall sein, also über den Tod hinaus. Die Treue bis in den Tod wäre demnach keine ewige Treue. Die ewige Treue auf Erden ist paradox.

Dies ist aber auch nicht gemeint, sondern:
Die Menschen auf der Erde halten nichts von einer ewigen Treue.

# IV. Die Musik der Oper
# "Der Fliegende Holländer"

# Einleitung:

„Musikalisch ist der Holländer die erste Ausformung eines Musikdramas, der erste Versuch einer Konkretisierung seiner szenisch-musikalischen Utopie. (1)

Ist in diesem Versuch auch schon die Anwendung des "Leitmotivs" erkennbar, oder bezieht sich diese Technik ausschließlich auf die Tetralogie "Der Ring des Nibelungen"?

Wagner hat von einem "Leitmotiv" nie gesprochen, doch in seinem Aufsatz >Über die Anwendung der Musik auf das Drama (2) könnte man die Definition zu diesem Begriff erkennen.

„Dennoch muss die neue Form der dramatischen Musik, um wiederum als Musik ein Kunstwerk zu bilden, die Einheit des Symphoniesatzes aufweisen, und dies erreicht sie, wenn sie, im innigsten Zusammenhange mit demselben, über das ganze Drama sich erstreckt, nicht nur über einzelne, kleinere, willkürlich herausgehobene Teile desselben.
Diese Einheit gibt sich dann in einem, das ganze Kunstwerk durchziehenden Gewebe von Grundthemen, welche sich, ähnlich wie im Symphoniesatze, gegenüberstehen, ergänzen, neu gestalten, trennen und verbinden: nur dass hier die ausgeführte und aufgeführte dramatische

(1) Richard Wagner >Wie antisemitisch darf ein Künstler sein<, Musik-Konzepte, Heft 5 a.a.O., S. 9

(2) Wagner >Über die Anwendung der Musik auf das Drama<, Richard Wagners >Gesammelte Schriften<, Leipzig o.J., VIII, S. 290 ff, herausgegeben von Julius Kapp, - entnommen aus >Die Oper<, a.a.O., S. 26

Handlung die Gesetze der Scheidungen und Verbindungen gibt."

Weber verwendet das Leitmotiv zum einen als "Erinnerungsmotiv" (es wird auf Vorhergehendes Bezug genommen, z.B. in der Wolfsschlucht-szene durch das Piccolomotiv Kaspars), zum anderen auch schon in dem Sinne, dass das Motiv dem Wandel der Situation entsprechend verändert wird. (1)

Wagner hat sich schon als "Knabe" für den "Freischütz" begeistern können und Carl Maria von Weber große Verehrung entgegengebracht.

„Das ganze Denken des Knaben war damals vom 'Freischütz' voll – ein Beispiel genüge für viele zum Beweise dafür. Richard spielte mitunter Komödie auf seiner Stube. Als er den Freischütz gesehen, sollte dieser sofort daran.
Am meisten – wie sich von selbst versteht – schien dem Jungen die Wolfsschluchtszene dazu geeignet. Da wurde nun gepappt und gekleis-tert, die nötigen Utensilien herzustellen. Seine Schulkameraden mussten mit an die Arbeit. …" (2)

Gottlieb Federlein aus Philadelphia versah, bei einer musikalischen In-terpretation des Rheingold und der Walküre, als erster bestimmte The-men, wenn auch sparsam, mit besonderen Namen.

Er veröffentlichte 1871 – 1872 diesen Versuch einer musikalischen In-terpretation der beiden Werke in Fritzsches >Musikalischem Wochen-blatt<.

Daraufhin begann Hans von Wolzogen ebenfalls einen Interpretations-versuch mit dem Vorspiel zu Siegfried. Liszt gefiel die Studie und er er-

---

(1)  Wiedergegeben nach >Die Oper<, a.a.O., S. 26

(2)  >Richard Wagner, Dokumentarbiographie<, bearbeitet von Egon Voss, Wien 1982, 1. Auflage, überarbeitete und erweiterte Neuausgabe von: >Richard Wagner, Do-kumentarbiographie<, herausgegeben von Herbert Barth, Dietrich Mack und Egon Voss, Wien 1975. Universal-Edition, S. 272

mutigte ihn bei den Vorproben zum Ring von 1875 zur Fortsetzung der Arbeit.

Wolzogen ging nicht von der Struktur der Musik aus, sondern von der "Handlung des Dramas", deren Hauptmomente er durch musikalische Hauptmotive zu erläutern versuchte.

Erst bei der Götterdämmerung benannte er diese Hauptmotive "Leitmotive", als Ausdruck des Gefühlsinhaltes der leitenden Ideen des Dramas. (1)

Liszt sagt in seinem Aufsatz >Der fliegende Holländer von Richard Wagner< (1854) (2)

„..., um unsere Bemerkung über den 'Fliegenden Holländer' deutlicher zu machen, dass unter den Wagner eigentümlichen Verfahrensweisen eine der wichtigsten die ist: hervortretende Personen oder Situationen des Dramas durch bestimmte musikalische Motive zu charakterisieren, welche immer wiederkehren, sobald die durch sie charakterisierte Person das Interesse auf sich zieht, sobald die Situation sich wiederholt oder erwähnt wird.
Diese Verteilung der Hauptmotive zeigt sich bereits im 'Fliegenden Holländer'. Bedingt durch den Gang der Handlung tritt ihre Wiederkehr in verschiedenen Tonarten, Klangfarben und Rhythmen bald klagend, bald frohlockend auf, je nachdem freudiger oder banger Herzschlag in ihnen nachtönt."

Die Herausgeber des Buches "Richard Wagner >Der Fliegende Holländer; Texte, Materialien, Kommentare< " (a.a.O.) meinen in einem Vorwort zu dem in diesem Buche publizierten Aufsatz:

„Seine These zu Anfang der Studie, hervortretende Personen oder Situationen des Dramas würden durch bestimmte musikalische Motive cha-

---

(1) Curt von Westernhagen >Vom Holländer zum Parsifal<, Neue Wagner-Studien, Zürich, 1962, S. 58/59 – Zur Naturgeschichte des Leitmotivs
(2) Richard Wagner >Der fliegende Holländer; Texte, Materialien, Kommentare<, a.a.O., S. 130

rakterisiert, die immer wiederkehrten, wenn es dramaturgisch erforderlich sei, kann indessen als Fehldeutung aus blindem Enthusiasmus abgelehnt werden.

Dahinter steckte offensichtlich der Gedanke, dem Wagnerschen Werk eine kontinuierliche und vor allem einheitliche Entwicklung zu unterstellen, während die später vom Bayreuther Kreis um Hans von Wolzogen geprägte Bezeichnung "Leitmotiv" strengen Sinnes nur für die Tetralogie "Der Ring des Nibelungen" zutrifft." (1)

In der Schriftenreihe >Die Oper< (2) werden in einer Tabelle die Motive des Holländers, der Senta und der Erlösung aufgestellt.

In diesem Buch sollen diese Motive lediglich genauer untersucht werden, jedoch kann die Weiterentwicklung dieser Motive in der gesamten Oper nicht verfolgt, sowie die letztendliche Entscheidung über ein Leitmotiv oder Erinnerungsmotiv nicht getroffen werden.

(1) ebenda

(2) a.a.O., S. 32, Motive aus der Senta-Ballade

# Die
# Senta – Ballade

Schon vor der Abfassung des Textbuches konnte Wagner am 26. Juli 1840 Meyerbeer mitteilen, dass er Stücke aus der kommenden Oper bereits komponiert habe und sie ihm vorspielen möchte. Dies waren die Ballade der Senta, der Matrosenchor und der Chor der Holländer-Mannschaft. (1)

Er berichtet:
„Bei der endlichen Ausführung der Komposition breitete sich mir das empfangene thematische Bild ganz unwillkürlich als ein vollständiges Gewebe über das ganze Drama aus; ich hatte nur die verschiedenen thematischen Keime, die in der Ballade enthalten waren, nach ihren eigenen Richtungen hin weiter und vollständig zu entwickeln, so hatte ich alle Hauptstimmungen dieser Dichtung ganz von selbst in bestimmten thematischen Gestaltungen vor mir." (2)

„... In diesem Stücke legte ich unbewusst den thematischen Keim zu der ganzen Musik der Oper nieder." (3)

Die von a-moll nach g-moll transponierte Senta- Ballade (4) ist nach

(1)   vgl. Opernführer >Opern der Welt<, a.a.O. S. 99

(2)   Richard Wagner >Eine Mitteilung an meine Freunde<, a.a.O., I,
        S. 152 f, - entnommen aus >Die Oper< a.a.O., S. 28

(3) Curt von Westernhagen >Vom Holländer zum Parsifal<, a.a.O., S. 23

(4)   „Im II. Aufzug findet sich von der Textstelle 'Hört, Mädchen zu' bis zum Ende der
        Ballade ein Zeichen für den Kopisten. Diese Stelle (hauptsächlich die Ballade)
        transponierte Wagner für die Uraufführung mit Luise Schröder-Decrient als Senta
        einen Ton tiefer (von A-Moll nach G-Moll)".>Die Oper<, a.a.O., S. 10

dem Vorbild der Volksballade in Strophenform gehalten. (1)

Vorspiel – Ruf,  1. Strophe – Nachspiel
                2. Strophe – (Chor) – Nachspiel
                3. Strophe – (Chor) – strettaartig ausgeweiteter
                                    Schluss

<u>Vorspiel:</u>

In den ersten vier Takten findet man in den Streichern, Hörnern und Holzbläsern reine Quintklänge (g – d), mit denen es wiederum eine besondere Bewandnis hat.

Wagner berichtet in >Mein Leben<:

„… Diese Neunte Symphonie Beethovens ward zum mystischen Anziehungspunkt all meines phantastisch-musikalischen Sinnens und Trachtens. Was mich zuerst zu ihr hinzog, war die damals, gewiss nicht nur unter den Leipziger Musikern, gültige Meinung, dass dieses Werk von Beethoven bereits im halben Wahnsinn geschrieben worden sei: sie galt als das Non-plus-ultra alles Phantastischen und Unverständlichen, und dies war Grund genug, mich zur Erforschung dieses Dämoniums leidenschaftlich anzuregen. Was mich beim Anblick der mühsam verschafften Partitur sogleich wie mit Schicksalsgewalt anzog, waren die lang andauernden reinen Quintenklänge, mit welchen der erste Satz beginnt: diese Klänge, die, wie ich erzählte, in meinen Jugendeindrücken von der Musik eine so geisterhafte Rolle spielten, traten hier wie der gespenstige Grundton meines eigenen Lebens an mich heran …" (2)

Auch das Streichertremolo ist in den Violinen wiederzuentdecken. In diesen reinen Quinten ist ein "mehr rhythmisches als melodisches

(1)   ebenda, S. 29

(2)   Richard Wagner >Mein Leben<, a.a.O., S. 42/43

Motiv" verflochten, welches sich "ausschließlich auf der Tonika und der Dominante ohne Terz bewegt (T. 2 mit Auftakt – T. 4) und den Eindruck eines bei dem Zucken des Blitzes wahrzunehmenden Schattens, dessen Umrisse und Bewegungen in unserer Erinnerung haften bleiben, macht." (1)

Motiv a:

Dieses Motiv finden wir auch in den Takten 11 – 13 unter den Jo-ho-hoe! – Gesängen der Senta, womit das Vorspiel endet.
In der Schriftenreihe über musikalische Bühnenwerke >Die Oper< wird dieses Motiv das Holländermotiv genannt. (2)

In Takt 8 – 9 ist dieses Motiv in den Sechzehntelfiguren der Streichinstrumente verarbeitet worden.

Motiv b:

(1)  vgl. Franz Liszt >Der fliegende Holländer von Richard Wagner<, Dramaturgische Blätter I. Abteilung, in das Deutsche übertragen von L. Ramann, Leipzig 1881, S. 162 – entnommen aus >Die Oper<, a.a.O., S. 28

(2)  >Die Oper<, a.a.O., S. 33

"Motiv b" findet sich auch in Takt 36 – T.37, bzw. T.81 – T.82, als Abschluss zweier, sich jeweils wiederholender Motive (Motiv c mit c' und anschließendem Motiv d), die das unruhige, rastlose und ziellose Meer und die zerrissene Seele des fliegenden Holländers, der sein Heil nicht findet, allegorisch darstellen. Dies verdeutlicht auch der jeweilige Text:

1. Strophe:   „Hui! – Wie saust der Wind! Jo-ho-he! Jo-ho-he!
              Hui! – Wie pfeift's im Tau! Jo-ho-he! Jo-ho-he! …"
              (T.25 – T.32)

2. Strophe:   "Hui! – Und Satan hört's! Jo-ho-he! Jo-ho-he!
              Hui! – Nahm ihn beim Wort! Jo-ho-he! Jo-ho-he! …"
              (Wiederholung)

3. Strophe:   "Hui! – Die Segel auf! Jo-ho-he! Jo-ho-he!
              Hui! – Den Anker los! Jo-ho-he Jo-ho-he! …"
              (T.70 – T.77)


Motiv d:

| 1. Strophe: | "Hui! Wie ein Pfeil fliegt er hin, ohne Ziel, ohne Rast, ohne Ruh'!" |
|---|---|
| | (T.33 – T.38) |
| 2. Strophe: | "Hui! – Und verdammt zieht er durch das Meer, ohne Rast, ohne Ruh'!" |
| | (Wiederholung) |
| 3. Strophe: | "Hui! – Falsche Lieb', falsche Treu'! Auf in See. Ohne Rast, ohne Ruh'!" |
| | (T.78 – T.83) |

Das Nachspiel (T.55 – T.60) der 1. und 2. Strophe ändert sich nicht wesentlich vom Vorspiel. (Das vollständige Holländermotiv erklingt in den Bässen).

Ab Takt 40 bestimmt ein neues Tempo den weiteren Verlauf
Piu lento, ♪ = 100.

In B-Dur erscheint ein neues Motiv, welches sehr beruhigend wirkt und somit im Gegensatz zum unruhigen 1. Teil steht.

- Motiv e:

Unmittelbar aus diesem Motiv wird ein zweites Motiv (T.48 – T.51), abgeleitet,

Motiv f:

Ach! wann wirst du, blei — cher Seemann, es fin den?

welches ab Takt 52, wegen des folgenden Nachspiels, leicht abgewandelt wird.

Nach der 3. Strophe singen die Mädchen unter dem Motiv e nach einer Pause tief ergriffen leise weiter (T.85 – T.92, jetzt sogar im Molto piu lento ♩. = 88).

Der Inhalt des Textes bezieht sich auf das treue Weib:

„Ach! Wo weilt sie, die dir Gottes Engel einst könne zeigen?
Wo triffst du sie, die bis in den Tod dein bliebe treu eigen?"

Wiederum auf das treue Weib bezieht sich Sentas Gesang ab Takt 93 wo sie unter dem abgewandelten Motiv f singt:

„Ich sei's, die dich durch ihre Treu' erlöse!
Mög' Gottes Engel mich dir zeigen!
Durch mich sollst du das Heil erreichen, das Heil erreichen."

Daraus ergibt sich die logische Schlussfolgerung, dass Senta durch ihre Treue die Erlösung darstellt.

Motiv e und Motiv f werden in der Schriftenreihe über musikalische Bühnenwerke >Die Oper< daher auch als Erlösungsmotive, bzw. Sentamotiv 1 und Sentamotiv 2 bezeichnet. (1)
Beide zusammen bilden das ersehnte Heil des Holländers.

(1)   >Die Oper<,a.a.O., S.33

Das Heil des Holländers liegt in Senta!
Dies wird auch durch die Verflechtung der Quart-Quint-Schritte des
"Holländermotivs" (Motiv a) in das "Sentamotiv f" verdeutlicht (T.52 –
T.55.

Sentas Hingabe wird durch das abgewandelte "Sentamotiv e", in dem
der zweite Teil des "Holländermotivs b" wiederzufinden ist, in Holz-
und Streichinstrumenten ab T.101 – T.105 und T.105 – T. 108 unter-
stützt.

# Das Lied
# der norwegischen Matrosen

Das Lied der norwegischen Matrosen in C-Dur wird durch 45 Takte eingeleitet, die keine neuen musikalischen Gedanken als die im Lied schon enthaltenen aufweisen.

Die Motive:

g )

und

h )

finden sich im "Sentamotiv 1" wieder.

Der Holländer ist seiner Erlösung schon sehr nahe, denn sie ist unter, jedoch nicht mit diesen, die zur normalen Gesellschaft zählenden See-männern, die von der "Berufung" Sentas nichts wissen, zu finden.

Das Motiv:

i ) (T.60 – T.61)

hat seinen Ursprung ebenfalls in der Senta-Ballade.
(T.16 – T.23 u. T.60 – T.67)

k )

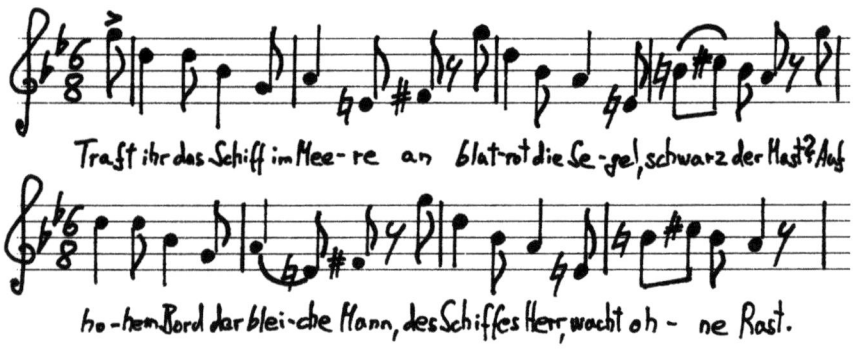

Aus dem traurigen und ernsten Moll der obenstehenden Takte aus der
Senta-Ballade, wird ein freudiges Dur, indem sich die "harten Seemänner", wahrscheinlich auch vor ihren Frauen, furchtlos den Naturgewalten gegenüber zeigen, - geradezu angeben.

Berücksichtigt man die Sage, so wurde der Holländer einst auf das unruhige Meer verdammt, weil er sich gegen die Naturgewalten aufgelehnt hat.

Strafe? – Oder gerade, weil er sich aufgelehnt hat, ist er "auserwählt".

Er findet die Ruhe erst mit und durch Senta, also durch die "treue Liebe", durch die "wahre Liebe".

Aus dieser Perspektive gesehen ist der Holländer zwar auf das unruhige Meer (die kämpfende Seele) verdammt, aber nur zu seinem "Heil", also nicht, wie bei Heine, vom Teufel, sondern von Gott.

Er wurde herausgefordert und nahm die Herausforderung an, indem er das Vorgebirge (das Kap der Guten Hoffnung) (x), trotzend dem Unwetter, umsegeln wollte (im übergeordneten Sinne: das „Ziel, - die "Wahrheit", trotz des Kampfes finden wollte).

Die Seemänner werden ebenfalls herausgefordert, belügen sich aber selber, wenn sie meinen, so einfach (Dur) die Herausforderung annehmen zu können. Sie nehmen diese Herausforderung also nur scheinbar, weil kampflos, an.

Jetzt ist auch Motiv g und h zu verstehen.

Die Seemänner singen fröhlich.

Fröhlich?

Nein! Sie schreien angstvoll, ebenfalls "unbewusst", nach Erlösung, - nach dem Heil.

---

(x)   vgl. I >Die Sage des fliegenden Holländers<

Weil sie die Herausforderung mit all den "unangenehmen Begleiterscheinungen" nie wirklich annehmen wollten, belügen sie sich auch hier, indem sie die Angst belachen – auslachen – verdrängen. Das Allerschlimmste jedoch ist, dass das Unterbewusstsein diese Richtung des Selbstbetrugs schon eingeschlagen hat, der Weg also vorprogrammiert ist.

Außer einigen kurzen modulatorischen Wendungen wird die Melodie durch nächstliegende Harmonien begleitet.

Ab Takt 91 beginnt ein Tanz auf dem Verdeck, der nur noch durch Tonika und Dominantseptakkorde begleitet wird. Auch hier erscheint das Dreitonmotiv aus dem Matrosenlied, welches seinen Ursprung ebenfalls im Sentamotiv 1 hat.

# Der Spukgesang der Mannschaft des Holländers

Schon die Abhebung der Tonalität des Spuk-Gesanges in h-Moll, vom C-Dur des Liedes der norwegischen Matrosen, verrät etwas Geheimnisvolles, Mysteriöses.

Hierhin gehören schließlich auch die leeren Quinten, welche so "gespenstisch" auf Wagner gewirkt haben.

Der eigentliche Spuk-Gesang wird durch 23 Takte eingeleitet, deren ersten vier Takte denen der Senta-Ballade entsprechen.

Wie zu Beginn der Senta-Ballade erscheint, von leeren Quinten umgeben, das Holländermotiv, welches unter Hoe-Rufen zu einem verminderten Akkord auf his geführt (T.9 – 10) und im 11. Takt durch einen D7 auf Gis, der über einem Hussa-Ruf erscheint, abgeschlossen wird.
Die Takte 9 – 20 entsprechen dem zweiten Teil der Senta-Ballade (T. 25 – 38).

Das unruhige Meer (die unruhige Seele des Holländers) im Umkreis des Holländers wird durch die Violine mit den chromatisch steigenden und fallenden Figuren dargestellt.

Über einem D-Dur-Akkord und dem Dv von h erscheint in Takt 19 wieder die Tonart H-Moll, die nun durch den folgenden Dv, der Dominante (T.19/20) und die anschließende Rückführung zur Tonika in Takt 24 gefestigt wird.

Mit diesem Takt beginnt nun der eigentliche Spuk-Gesang. Dieser Spuk äußert sich durch die Chromatik, aber auch durch den letzten Takt der jeweiligen Strophe.

In beiden Teilen der jeweiligen Strophe wird das Holländermotiv ange-
deutet.

Im letzten Takt des Vordersatzes der viertaktigen Periode wird das "Eis"
als Leitton zum Fis geführt.

Jedoch im letzten Takt des Nachsatzes fällt die Melodie der Singstimme
und endet mit diesem Leitton, der, obwohl in den Instrumenten, durch
die Achtelnachschläge die DD logisch zum D7 und somit das „eis"
zum Fis geführt wird, in der Singstimme erst bei der nächsten Strophe
zum oktavversetzten Fis geführt wird.

Im letzten Takt des Nachsatzes der zweiten Strophe wird das "Eis" auch
nicht durch die, jetzt zur Wechseldominante gehörenden Achtelnachschläge, weitergeführt. Erst im ersten Takt des beginnenden Mittelteils
(ab T. 32) erscheint die Dominante von H-Moll.

Die Singstimme bleibt, melodisch und vom Holländermotiv aus betrachtet, auf dem Leitton stehen.

Die Takte 40 –51 des Mittelteils entsprechen den Takten 25 – 36 (38)
analog den Takten 70 –81 (natürlich auf anderer Tonstufe).

Der Mittelteil endet mit der Dominante von H-Moll in Takt 51.

Der folgende Schlussteil wiederholt mit anderen Strophen den A-Teil.

# Richard Wagners
## "Programmatische Erläuterung"

Richard Wagner gab anlässlich der Aufführung der Ouvertüre zum "Fliegenden Holländer" bei den drei Festkonzerten am 18., 20. und 22. Mai 1853 in Zürich folgende >Programmatische Erläuterung< (1):

„Das furchtbare Schiff des 'fliegenden Holländers' braust im Sturme daher; es naht der Küste und legt am Lande an, wo seinem Herrn dereinst Heil und Erlösung zu finden verheißen ist; wir vernehmen die mitleidsvollen Klänge dieser Heilsverkündigung, die uns wie Gebet und Klage erfüllen: düster und hoffnungslos lauscht ihnen der Verdammte; müde und todessehnsüchtig beschreitet er den Strand, während die Mannschaft, matt und lebensübernächtigt, in stummer Arbeit das Schiff zur Ruh' bringt. – Wie oft erlebte der Unglückliche schon ganz das gleiche! Wie oft lenkte er sein Schiff aus den Meeresfluten nach dem Strande der Menschen, wo ihm nach jeder siebenjährigen Frist zu landen vergönnt war; wie oft wähnte er das Ende seiner Qual erreicht, und ach! – wie oft musste er furchtbar enttäuscht sich wieder aufmachen zur wahnsinnig irren Meerfahrt! Seinen Untergang zu erzwingen, wütete er hier mit Flut und Sturm gemeinsam wider sich: in den gähnenden Wogenschlund stürzte er sein Schiff – doch der Schlund verschlang es nicht; zur Brandung trieb er es an die Felsenklippe – doch die Klippe zerschellte es nicht. All die schrecklichen Gefahren des Meeres, deren er einst in wilder Männertatengier lachte, jetzt lachen sie seiner – sie gefährden ihn nicht: er ist gefeit und verflucht, in alle Ewigkeit auf der Meereswüste nach Schätzen zu jagen, die ihn nicht erquicken, nie aber zu finden, was ihn einzig erlöste! – Rüstig und gemächlich streicht ein Schiff an ihm vorbei; er vernimmt den lustig traulichen Gesang der Mannschaft, die auf der Rückfahrt sich der nahen Heimat freut: Grimm fasst ihn bei diesem heiteren Behagen, wütend jagt er im Sturm vorbei, schreckt und scheucht die Frohen, dass sie in Angst verstummen und

---

(1)  >Die Oper<, a.a.O., S. 70

fliehen. Aus furchtbarem Elend schreit er da auf nach Erlösung: in die grauenvolle Männeröde seines Daseins soll nur – ein Weib ihm das Heil bringen können! Wo, in welchem Lande weilt die Retterin? Wo schlägt seinen Leiden ein fühlendes Herz? Wo ist sie, die ihn nicht flieht in Grausen und Schreck, wie diese feigen Männer, die bang das Kreuz vor seiner Ankunft schlagen? – Da bricht ein Licht in die Nacht; wie ein Blitz zuckt es durch seine gequälte Seele. Es verlischt, und wieder strahlt es auf; der Seemann fasst den Leuchtstern fest ins Auge und steuert rüstig durch Flut und Woge auf ihn zu. Was ihn so mächtig zieht, es ist der Blick eines Weibes, der voll erhabener Wehmut und göttlichen Mitgefühls zu ihm dringt. Ein Herz erschloss seine unendlichste Tiefe dem ungeheuren Leiden des Verdammten: es muss sich ihm opfern, vor Mitgefühl brechen, um mit seinem Leiden sich zu vernichten. Vor dieser göttlichen Erscheinung bricht der Unselige zusammen, wie sein Schiff in Trümmer zerschellt; der Meeresschlund verschlingt dies: doch den Fluten entsteigt er, heilig und heer, von der siegprangenden Erlöserin an rettender Hand der Morgenröte erhabenster Liebe zugeleitet."

# V. Sonstige wichtige Anmerkungen

Dichtung und Musik des "Fliegenden Holländers" entstanden in dem kleinen und bescheidenen Häuschen des Malers Jadin, in dem Wagner vom 29. April bis 30. Oktober 1841 im ersten Stockwerk wohnte. (1)

Die Ouvertüre wurde wenig später in Paris niedergeschrieben. Der Prosaentwurf, welcher der Dichtung vorausging und von dem nur etwa die zweite Hälfte des recht ausführlichen Manuskriptes erhalten geblieben ist, wird von Otto Strobel auf Frühjahr 1840 datiert.

Der Holländer heißt teilweise noch "Der Fremde", Daland "Der Vater" oder auch "Der Schotte", Senta noch "Anna", Erik "Georg" und Mary lediglich "Die Amme". Die Handlung spielt an der schottischen Küste.

Nach diesem Prosaentwurf verfasste Wagner ein Jahr später in Meudon die Urschrift der Dichtung. "Meudon, 18. Mai 1841" steht auf dem ersten Blatte der Handschrift. In zehn Tagen war die Dichtung vollendet, die fast wörtlich mit der bekannten endgültigen Fassung übereinstimmt. „In der, in den Tagen vom 18. – 28. Mai 1841 abgefassten Urschrift der Dichtung, führt der Vater den Namen Donald, während seine Tochter bereits Senta heißt. Dagegen tritt uns die Amme als Mary erst aus der Zweitschrift der Dichtung entgegen."

Die Zweitschrift (= Reinschrift), die im Archiv des Hauses Wahnfried in Bayreuth aufbewahrt wird, weist folgendes Personenverzeichnis auf: "Donald, schottischer Seefahrer. Senta, seine Tochter. Georg, ein Jäger. Mary, Sentas Amme. Der Steuermann Donalds. Der Holländer. Matrosen des Schotten. Die Mannschaft des fliegenden Holländers. Mädchen. – Die schottische Küste."

Die Überschrift lautet: "Der fliegende Holländer. Romantische Oper in einem Akt und 3 Aufzügen."

---

(1) Hier und im folgenden zitiert und wiedergegeben nach >Die Oper<, a.a.O., S. 6 - 11

Die Verlegung des Schauplatzes der Handlung an die norwegische Küste und die dadurch bedingte Umbenennung Donalds in "Daland" und Georgs in "Erik" erfolgten nach Strobel (1)

"erst nach Fertigstellung der Originalpartitur, was aus gewissen Korrekturen, die in der Partitur am Wortlaute der Dichtung nachträglich vorgenommen worden sind, einwandfrei hervorgeht. So war z.B. in der Originalpartitur ursprünglich zu lesen: 's' ist Hollystrand (genau kenn ich die Bucht)' und '(Gastfreundschaft kennt der ) Schotte'; erst später wurden beide Stellen – mit Bleistift – in 'Sandwike ist's (genau kenn ich die Bucht)' und '(Gastfreundschaft kennt der) Seemann' umgeändert."

Die im Archiv des Hauses Wahnfried in Bayreuth aufbewahrte Originalpartitur des >Fliegenden Holländers<, „die 408 Seiten umfasst und äußerst sorgsam geschrieben worden ist, trägt auf dem Titelblatte die Widmung an Franz Liszt: ‚Seinem besten Freunde – Richard Wagner 1853' und weist nur das einzige, am Schlusse des 3. Aktes stehende Datum auf:‚ Meudon bei Paris 21. Oktob. 1841 Richard Wagner'." (2)

Franz Liszt brachte das Werk am 16. Februar 1853 in Weimar zur Aufführung.

Am 20. November 1841 muss das gesamte Werk fertig gewesen sein, denn unter diesem Datum schreibt Wagner an Meyerbeer, dass er „soeben eine kleinere Oper, 'Der Fliegende Holländer', vollendet" habe.

Nach der Uraufführung erfolgten noch mehrfache Umänderungen, insbesondere wurde das Blech gemildert. So schreibt Wagner an Liszt vor der Aufführung am 16. Februar 1853 in Weimar:

„Hier schicke ich Dir noch eine Änderung, Du wirst sogleich finden, wohin sie gehört. Das Blech und die Pauken bei diesem Schlage waren von grober, materieller Wirkung. Man soll über Sentas Schrei beim An-

(1)   Otto Strobel in den Bayreuther Blättern 1933 IV

(2)   Richard Wagner, >Autobiographische Skizzen<, a.a.O., I S. 56

blick des Holländers erschrecken, nicht aber über die Pauke und das Blech."

Hat sich Wagner hier einen Wunsch Ludwig Spohrs zu Herzen genommen? (Anmerkung des Verfassers dieses Buches)

„Ist es mir erlaubt, in Bezug auf künftige Arbeiten einen Wunsch auszusprechen, so ist es der, dass Sie weniger schwierige Figuren in den Saiteninstrumenten, weniger Blech, weniger Modulation und etwas mehr harmonischen und melodischen Wohlklang entfalten mögen." (1)

Am 19. Januar 1860 vollendete Wagner in Paris die Partitur-Erstschrift eines neuen Schlusses der Ouvertüre für eine Konzertaufführung daselbst. Er ersetzte die letzten 45 Takte durch 52 neue. Der Anfang der Änderung ist am Eintritt der Harfe, die bis dahin nicht vorkommt, deutlich zu erkennen.

Wagner schreibt am 3. März 1860 an Mathilde Wesendonk.

„Zur Ouvertüre vom >Fliegenden Holländer< hatte ich einen neuen Schluss gemacht, der mir sehr gefällt, und auch auf die Zuhörer Eindruck machte."

In einem Brief an sie vom 10. April 1860 heißt es:

„Jetzt, wo ich Isoldes letzte Verklärung geschrieben, konnte ich ... erst den rechten Schluss zur Fliegenden-Holländer-Ouvertüre ... finden."

Diesem sogenannten "Tristan-Schluß" wurde das Finale des 3. Aktes anlässlich einer Aufführung des Werkes am 4. Dezember 1864 an der Münchener Hofoper unter der Leitung des Komponisten angeglichen.

(1)      Richard Wagner >Der fliegende Holländer; Texte, Materialien, Kommentare<, a.a.O., S. 114, "Ludwig Spohr schreibt an Richard Wagner" - ein unbekannter Brief über den "Fliegenden Holländer", mitgeteilt von Horst Heussner.

In dieser Fassung und mit der Aufgliederung in drei Aufzüge, wie sie bei der Uraufführung erfolgte, wird die Oper heute allgemein gebracht. Am 22. Juli 1901 führte man sie erstmalig in Bayreuth als "dramatische Ballade" in einem Akt (d.h. ohne Unterbrechung) auf, wie es Wagners ursprüngliche Absicht war. 1961 gab man in Bayreuth den >Fliegenden Holländer< als Oper in 3 Aufzügen mit dem Schluss der Urfassung, auch die Senta-Ballade wurde nach der Urfassung in a-Moll gesungen.

*****

# Über den Verfasser des Buches

Hans-Joachim Lehmann, am 16.03.1962 in Rees am Rhein geboren, beendete am 04.05.1984 sein Studium an der Staatlichen Hochschule für Musik Rheinland, Robert-Schumann Institut Düsseldorf, mit dem Diplom der künstlerischen Abschlussprüfung im Hauptfach Querflöte mit dem Prädikat "Gut".

Das Buch ist seine Abschlussarbeit im Fach Musikgeschichte, die mit der Note "Sehr Gut" benotet wurde.

Das Studium gehörte seinerzeit neben der "Musikalischen Feldwebel-Fachprüfung - vor dem Leiter des Militärmusikdienstes, Prüfungsausschuss-Fachdienst Militärmusik", welche Hans-Joachim Lehmann am 17./18.04.1984 ebenfalls mit der Gesamtnote "Sehr Gut" bestanden hatte, zur musikalischen Ausbildung im Ausbildungsmusikkorps der Bundeswehr in Hilden.

Nach der musikalischen Ausbildung versah Hans-Joachim Lehmann seinen Dienst im Heeresmusikkorps-7 in Düsseldorf.
Bis zur Auflösung des Musikkorps im Jahre 2007 war er dort 17 Jahre der 1.Flötist, 6 Jahre Besetzungsleiter des Holzbläserquintetts und Saxophonist in der Big-Band des Musikkorps.

Nach der Auflösung des Heeresmusikkorps-7 wurde Hans-Joachim Lehmann nach Münster zum Luftwaffenmusikkorps-3 versetzt und ist dort glücklicher 2.- und stellvertretender 1.Flötist im Range eines Stabsfeldwebels.

23.02.09, Hans-Joachim Lehmann